生活支援の社会運動

「助け合い活動」と福祉政策

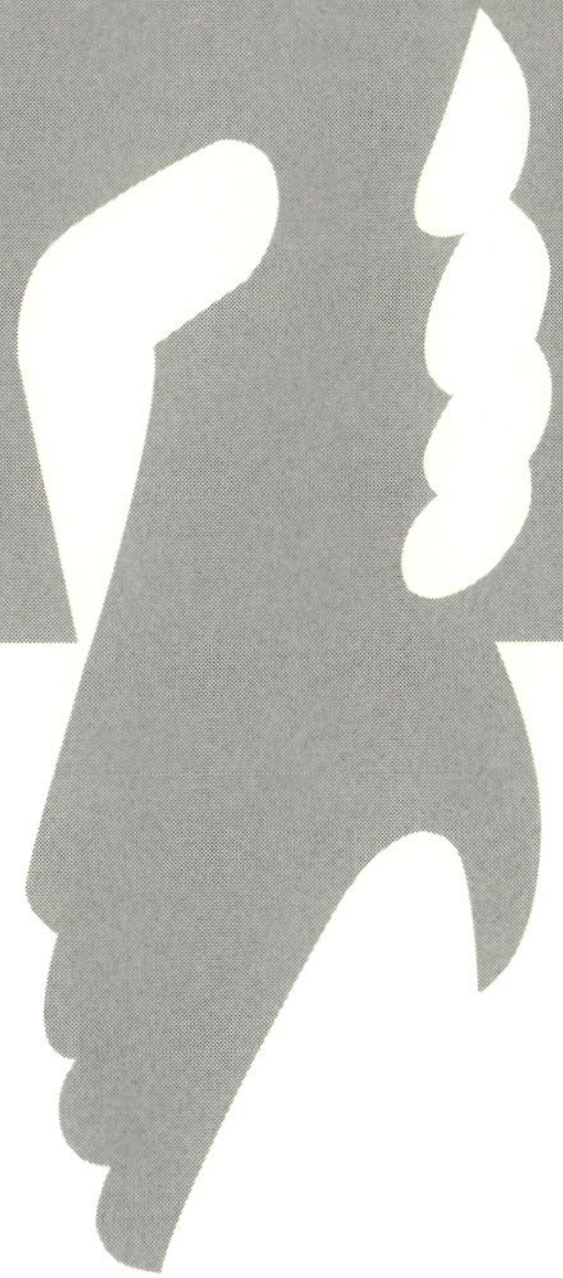

中條共子
Nakajo Tomoko

青弓社

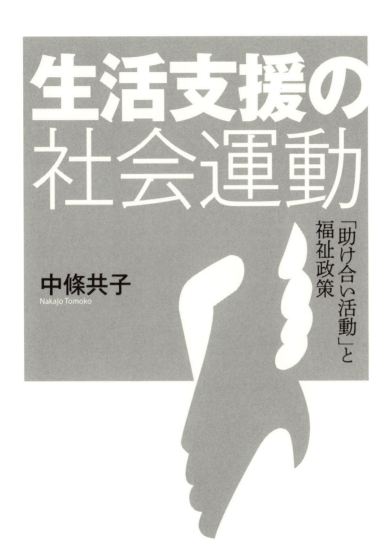

生活支援の社会運動——「助け合い活動」と福祉政策

目次

装丁——神田昇和

序章　生活支援を社会運動としてとらえる視点

はじめに

本書では、インフォーマルな生活支援活動である助け合い活動の広がりと長期にわたる展開のなかで、近隣住民同士の自由な集まりである住民グループから生まれ、今日ＮＰＯ法人として介護・介助の分野で活動している団体（以下、介護系ＮＰＯと表記[1]）が、どのような条件に基づいて、そのあり方を変化させ、今後どのような方向に進んでいくことになるかを、主体側の判断という視点からとらえていくことを目的とする。

1　何が「問題」なのか

生活支援の互助化

二〇一四年の医療介護総合確保推進法施行を受けて、一五年四月から第六期介護保険事業計画がスタートした。これによってすべての市町村で、これまで介護予防給付として実施していた要支援者向けの訪問介護と通所介護が地域支援事業の「介護予防・生活支援サービス事業」へと移行した。

第六期の計画は、団塊世代が後期高齢者となる二〇二五年以降の介護需要ピークを見据えた地域包括ケアシステム構想を基盤として策定されている。その主要な狙いは、医療と介護の脱施設化と、介護給付を重度者に集中することにあり、「生活支援」の地域支援事業への移行は、そのための基盤的施策の一つとなっている。地域包括ケアシステム構想を世に問い、第六期介護保険事業計画の指針としての役割を果たしたのは、地域包括ケア研究会が[2]〇九年から一三年にかけて発表した三つの報告書である。[3]これらの報告書によれば、必要とされる生活支援は多様であり、また地域差も大きいために、基本的に「自助」「互助」によって担われることがふさわしいという。互助の資源と目されているのは「NPO、社会福祉協議会、老人クラブ、自治会、民生委員」のほか「地域の商店やコンビニ、郵便局や銀行」など、地域にあるおよそすべての団体・組織であり、その開発・育成は市町村の責務なのだという。[4]家族から社会保険への介護役割の移転を「介護の社会化」とする表現法にならえば、社会保険から地域住民活動への「生活支援」の移転は、「生活支援の互助化」と表現することが可能だろう。ただしこの政策が直接期待するのは、「互助」の育成よりも介護保険からの「生活支援」の切り離しである。

助け合い活動の再編

実は、「生活支援」という分野には、「助け合い活動」と総称される、古くからの活動群がある。助け合い活動とは何かについて、たとえば日本生活協同組合連合会は、「ちょっとした困りごとを、住民同士でお互いに助け合う」[5]ことと説明している。こうした説明は、助け合い活動とは、誰もが気負わずに、ごく当たり前の行為として取り組み可能な活動であることを強調するものである。しかしそれは、近所同士の自然発生的な付き合いや、町内会などの伝統的な地縁組織の相互扶助活動とは、形成過程も性質も異なるものである。その源流は、一九七〇年代に中高年主婦の住民グループが、老人問題の深刻化を受けて、地域に新たな問題解決の仕組みをつくることを目指して開始した生活支援活動に見いだすことができる。八〇年代には、この活動が示した方法を各地の住民グループが採用し、後続のグループへと継承されていった。これを、助け合い活動の第一の流れということができる。

他方、この流れと並行して、在宅福祉サービス供給システムの構築を目指す福祉改革の政策潮流によってもこの活動の普及が取り組まれていった。これを、助け合い活動の第二の流れということができる。

この二つの流れに統合的な輪郭を与えたのは、社会福祉法が地域福祉の推進者として規定する全国社会福祉協議会（以下、全社協と略記）である。同組織は、助け合い活動に「住民参加型在宅福祉サービス」という枠組みを与え、「地域住民の参加を基本として、①営利を目的とせず、②住民相互の対等な関係と助け合いを基調として、③有償・有料制、あるいは「時間貯蓄制度」「点数預託制度」によって行う家事援助、介護サービス（ホームヘルプサービス）等を中心とした在宅福祉サービス」[6]と定義していて、組織の性格や形態にかかわらず、さまざまな活動主体の活動を「住民参加」としてまとめてきた。こうした枠組みのもとで助け合い活動は、住民グループと行政関与の組織とが共有する活動様式になっていった。

助け合い活動を実施する団体は今日でも、NPO法人、社会福祉協議会（以下、社協と略記）、生活協同組合、福祉公社、農業協同組合、老人クラブなど、きわめて多様である。また実施される活動内容も多彩であり、ある団体は見守りと話し相手だけだが、ほかの団体は家事と入浴介助もおこなう、という具合である。また今日の助け合い活動団体が実施する生活支援活動は、社交も含めた通常の暮らしにある要素全般へと広がっているとみることができる。ただし、担い手の大半が中高年の主婦であることは、どの団体にも共通している。

二〇一三年十二月、助け合い活動団体の全国規模の親組織や連合会、中間支援組織など総勢十四団体が新地域支援構想会議を結成し、翌年、「新地域支援構想」[7]という提言書を発表した。この提言書は、助け合い活動は「孤立している人びとつながり、その人と地域社会とのつながりを回復するという、住民・市民自身の活動であるからこそ可能な、また固有の働きを持って」いるとし、だからこそ、これまで助け合い活動を担ってきた団体は「助け合い活動を中心とした地域支援事業」の構築に向けた取り組みを進めていかなければならない、という方向提示をおこなった。そしてこのことに合わせて、助け合い活動から「雇用契約に基づく指揮命令によって運用するもの」[8]を除外すると表明した。この定義によれば、助け合い活動の担い手の半数以上を構成すると考えられるNPO法人の制度外サービスの多くが助け合い活動のカテゴリーから外れることになる。

介護系NPOの岐路

「新地域支援構想」の方向提示は、介護系NPOにその行く末を問うものである。

一九八〇年代の福祉改革を引き継ぎ、福祉供給セクターの多元化に踏み出した九〇年代の福祉政策は、市場的主体とは異なる民間の福祉供給主体を育成するための制度環境を用意した。このことによって出現したのが、助け合い活動の住民グループを母体とするNPO法人[9]、すなわち介護系NPOである。そして二〇〇〇年代のはじめ、誕生したばかりの介護系NPOは、「個人の個別のニーズに応えるきめ細かなサービスが信条」[10]「組織特性が、情報の不確実性の解消につながる」[11]など、これまでの福祉のあり方を刷新する変革的な主体として注目を集めていた。

しかし、介護保険制度の枠組みのもとでの介護系NPOは、実態としては、指定事業者として制度への適応に追われ、その隙間や不足を補完する役割へと没入していった。そのことによって近年は、「プレゼンスの低下と社会的意義の希薄化[12]」や「社会システム全体の中での位置づけが弱い[13]」などの問題が指摘されてきた。こうした経過を通して介護系NPOは、「雇用」という側面から特徴づけられ、助け合い活動と一線を画するものと評されるにいたったといえる。また、介護報酬の抑制を進める二〇一五年以降の介護保険制度は、小規模事業者である介護系NPOの経営を一層厳しいものにしている。このようなことから、介護系NPOは今日、どのような方向へと進んでいくのかの岐路に立っているといえるだろう。本書がとらえようとするのは、この局面での介護系NPOの方向選択である。

住民による生活支援をめぐる議論の歴史

ところで近年、生活支援の互助化を実現するための互助の育成方策が、さまざまに議論されている。たとえば筒井孝子[14]は、日本のインフォーマルケアは、多様な雇用形態も含まれるなど提供主体が複雑であり、供給量や需要量の予測も困難であるため、これらを地域包括ケアシステムがマネジメントするためには、提供主体別のデータを収集し分析した後にシステムへの包含を決定するべきだとしている。宮本太郎[15]は、地域包括ケアシステムの構築を前提としながら、支える側を支援することと支えられる側をアクティブにすること（たとえば生活困窮者支援や障害者自立支援）をリンクさせた仕組みの構築を提案している。また杉岡直人[16]は、市民同士の自発的な支え合いのためには、市民が集まりやすく、活動しやすくするための条件整備が必要であり、そのために行政と社会福祉協議会による支援が求められるとしている。

しかしこうした議論で、住民による生活支援の先行事例がどのような困難をたどってきたのかを振り返ることや、担い手となる住民が、なぜ集団的に結束し、活動の継続や拡大に主体的に取り組んでいくのかの考察が示されることはほとんどない。その背景には、住民活動の政策的コントロールを自明視するような、社会福祉学の歴史的な議論の展開があると考える。

住民による生活支援をめぐる二つの関心

住民による生活支援活動についての社会福祉学の研究には、歴史的に、①そうした活動を制度的仕組みと接合させて福祉供給に活用していくことへの関心と、②そうした活動に固有の機能と特質への関心とを見て取ることができる。こうした関心の分岐について牧里毎治は、[17]「地域福祉論における機能概念」に基づく研究アプローチにおける「資源論的アプローチ」と「主体論的アプローチ」という二つの流れとして整理した。[18]牧里の整理によれば、資源論的アプローチとは、福祉サービスの供給サイドが、住民の社会的必要の充足という視点から地域福祉の構成を図るものであり、主体論的アプローチとは、地域住民の主体的で協働的な問題解決プロセスと住民の組織的な問題解決力の形成を重視するものだという。この整理をふまえ、本書では①の関心を「資源論」、②の関心を「主体論」と呼ぶことにする。

コミュニティ・ケアをめぐる関心の対立

この二つの関心の並存は、一九七〇年代に活発に展開された「コミュニティ・ケア」の議論ですでに顕在化していた。中野いく子によれば、コミュニティ・ケアの議論は、六九年の東京都社会福祉審議会答申「東京都におけるコミュニティ・ケアの進展について」[19]を契機として開始された。そして行政サービスを含む「コミュニティにおけるケア」を論旨とするものと、地域住民による自発的な問題解決行動といえる「コミュニティによるケア」を論旨とするものとが対立したという。[20]当時の議論では、前者を代表するとされる三浦文夫が、コミュニティ・ケアとは「対象者をコミュニティのなかで処遇（治療・教育・訓練・リハビリテーション等の措置を含む）」する「ケアの体系」だと主張し、[21]後者を代表する岡村重夫[22]や阿部志郎[23]が、住民自身の主体的な活動形成である地域組織化活動の必要を主張した。そして、こうした議論をふまえて両者の統合を図ったものが、岡村重夫[24]が提示した地域福祉の構想だった。

川島ゆり子によれば、その後コミュニティ・ケアの議論は、当時の社会福祉資源の現実から乖離した理想論と批判され、代わりに、フォーマルシステムとインフォーマルなケア活動の統合を目指す在宅福祉サービスの議論が台頭したという。[25] その起点と目されているのは、三浦文夫が主導的な役割を果たした、全社協の『在宅福祉サービスの戦略』[26] である。

「公私関係論」の二元的展開

一九八〇年代には、三浦文夫の社会福祉ニーズ論[27] や、京極髙宣の福祉ミックス研究[28] などを通して社会福祉サービスの体系化が図られ、そこに有償ボランティアを組み込んでいくための調査研究が進められた。そしてこの流れを受けて、社会福祉学における資源論と主体論の二元性が「公私関係論」の展開を通して再び顕在化した。たとえば小林良二は、公私関係論には、公的福祉供給に対する「私」の「補完／並存」関係を問う「供給構造論」と、家族・個人・地域の「ニード充足機能」「統合機能」に対する「公」（行政とはかぎらない）の補完関係を問う「社会構造論（ニード論）」とがあるとしている。[29] 前者は公的機関を主体としているという意味で資源論的な議論を指していて、後者はインフォーマルな福祉供給を主体としているという意味で主体論的な議論を指すといえる。また岡本栄一は、公私関係の論理には「集権的移譲管理の論理」と「分権的批判協働の論理」の二つがあるとしている。[30] この場合、前者は資源論、後者は主体論に相当すると考えられる。[31]

「住民参加」論とそれへの対抗

一九九〇年代に入ると、有償ボランティアの原理が大きな論点となり、江上渉、藤村正之、高野和良、小林良二らが「互酬」を鍵概念としながら、こうした活動は地域的相互扶助活動の現代版だという認識の枠組みを構築した。[32] また同時期には、社会福祉供給への住民参加だとする方向づけもみることができる。児島亜紀子は、社会福祉学では、「システムに対するオルタナティブとして形成されるボランタリーな活動」が「住民参加」として議論され、そのほとんどが、社会学や政治学で「参加」論が重視してきた「政治参加」の観点を脱落させてきたと指摘している。(33)

一方、経済学を経由して、ピーター・ドラッカーやレスター・サラモン、ヘルムート・アンハイヤなど北米の「NPO（Non-profit Organization もしくは Not-for-Profit Organization）」論が紹介され、NPOが新たな相互扶助活動の制度化への回路として注目されていく。(34) こうした新たな関心について安立清史は、社会福祉学でNPO研究の中心は社会福祉管理運営論（アドミニストレーション論）やサービス供給組織論（プロバイダー論）だったとしている。(35) また須田木綿子は、「経営論の台頭」に比して、対人援助に固有の価値をめぐる議論やそれに基づく組織原理の理論化が未発達であることを強調している。(36) 安立や須田の指摘は、社会福祉学でのNPO研究にみられた資源論優位の状況をとらえたものと考えられる。

しかし、本来NPO論は、行政的な公共性とは異なる公衆的な公共性を追求する市民社会論と結び付いている。つまりNPO論とは、官僚的な合理性を中心的な行動原理とする行政空間ではなく、これとは異なる行動原理をもつ社会空間から生じるアソシエーションについての議論であり、民主的な市民の活動に期待を寄せているという意味で、基本的な視座は主体論的なものとみることができる。(37)

さらに二〇〇〇年以降の議論では、朝倉美江や三本松政之、安立清史など、民主的ないし市民的な主体を重視する論者による資源論と主体論とを、二元的というよりもむしろ、二方向からの対抗的な議論として位置づけ直す試みがみられるようになる。(38) 〇九年の社会福祉学会第五十七回全国大会シンポジウムが「対抗的公共圏」を論題としたのは、このことを象徴する事象といえるだろう。

歴史的議論の限界

武川正吾は、分配構造の意識的変革に中心的な役割を果たす二つの主体ないし二つの様式として「計画」と「運動」とをあげている。そして計画の主体が「運動」的なものを自らのうちに取り込むこともあれば、運動の主体が「計画」的要素を取り入れて「計画」化していくこともあると、両者の相互浸透の可能性を指摘している。ただし同時に、「計画」がもつ「目的意識的かつ人為的に行われる社会的資源の制御＝統制」という特質が「運動」へと解消されることはないし、逆に「運動」へと表出された原初的エネルギーが「計画」へと同化しきってしまうこともないと、[39]両者の自律性についても指摘している。

今日進行中の生活支援の互助化は、計画の主体が運動的要素を計画に取り入れ、なおかつ運動に計画との一体化を迫る政策とみることができる。とはいえ武川の指摘をふまえるならば、住民グループが展開する、ある種の運動としての生活支援活動は、最終的に政策主体の企図に融合しきってしまうことはなく、運動の原初的エネルギーを保持しながら、独自の公共的ビジョンを開花させていくこともありうる、ということになるだろう。また、計画による同化圧力と、同化しきることがない運動の自律性との誤差のなかで生じているのが、介護系ＮＰＯの岐路とみることが可能だろう。

しかし、社会福祉学の歴史的議論では、資源論はもとより、主体論でも、議論の関心は住民を含んだ計画の構築に置かれてきた。[40]住民参加とはそのことを象徴する解釈であり、この解釈によって運動の側のビジョンが軽視ないし不可視化されてきたということができる。

社会福祉学ではかつて、一番ヶ瀬康子と真田是を支柱とする運動論という理論潮流[41]が、「社会福祉制度、政策の改善、拡大、向上を生み出す契機[42]」となるような集合的な活動を「社会福祉運動」と規定し、政策の効果をめぐって政策主体と対抗関係にあるビジョンを有する社会勢力として位置づけた。[43]この潮流は助け合い活動にも、社会福祉に変革をもたらす、新たなタイプの社会福祉運動として期待を寄せた。ただし運動論が求めたのは政策主体との新たな対抗力であり、可視化しようとしたのは、あくまでも政策主体と対抗するようなビジョンだった。[44]しかし、助け合い活動のどのような展開にも、運動論が描いた対抗関係の図式をそのまま当てはめることは難しい。

2　何を、どう、とらえるのか

したがって、助け合い活動の歴史的展開を振り返り、その軸となってきた介護系NPOの行く末を検討するためには、住民参加論のような社会福祉学での主流の議論でもなく、また運動論のように政策主体との対抗図式に偏向した議論でもなく、それらの限界をふまえた新たな議論の枠組みが必要と考えられる。

そこで本書は、助け合い活動の変革的性格に焦点を当てた「運動論」のアプローチを継承しながら、その限界を克服しうる方途として、社会学の研究領域である「社会運動研究」の蓄積に目を向けることにする。

一九七〇年代以降の社会運動研究では、社会運動は、一過性のイベントではなく、長期にわたって普及・継承されていくチャレンジとして把握されていて、助け合い活動のような対抗運動とは言い難い活動にも適用可能な分析アプローチが開発されている。また、運動の変化の分析に関わる概念も多く開発されている。それらの概念は、どのような変化が起きたのかをとらえると同時に、それがなぜ起こったのかの考察をも可能にするものと考えられる。

新しい社会運動と社会運動研究

社会運動研究とは、主に社会学と政治学にまたがる領域で発達してきた社会科学の研究分野である。そこでは社会運動という集合的現象は、さまざまな研究者によって表1のようにとらえられてきた。

これらの定義に共通する要素をまとめるならば、社会運動とは、社会的状況の変革を企図する集合的な取り組みであり、制度的な政治空間の内外で多様な手段によって展開される活動、とみることができる。

こうした諸定義は、一九六〇年代半ばから台頭した「新しい社会運動」の観察を通して生み出されてきたもの

表1　社会運動研究での「社会運動」の主な概念定義

文献	概念定義
John D. McCarthy and Mayer N. Zald, "Resource Mobilization and Social Movements: A Partial Theory," *American Journal of Sociology* 82(6), 1977, pp.1217-1218.	社会構造や報酬の社会的分配に関する諸要素の変革を希求する傾向を表す人口集団における、社会的な主張と信念の体系。
Mario Diani, " The Concept of Social Movement," *The Sociological Review,* 40, 1992, p.13.	集合的なアイデンティティの共有を基礎とする、政治的・文化的な対立に関わる多様な人々、グループ、団体のあいだのインフォーマルな相互作用のネットワーク。
David S. Meyer and Sidney G, Tarrow, "A Movement Society：Contentious Politics for New Century," *The Social Movement Society: Contentious Politics for a New Century,* Rowman & Littlefield Publishers, 1997, p.4.	目的と連帯を共有する人々による、エリート、敵対者、当局との持続的な相互作用による、現行の権力や分配の編成に対する集合的な挑戦。
Charles Tilly, "From Interactions to Outcomes in Social Movements," Marco Giugni,Doug McAdam, and Charles Tilly〔eds.〕, *How Social Movements Matter,* 1999, p.257.	権力者の権限のもとで生きる人口集団の名において、その集団の価値や結束、数、コミットメントを公的に繰り返し誇示することによる、権力者への持続的な挑戦。
David A. Snow, Sarah A. Soule and Hanspeter Kriesi,"Mapping The Terrain," Sarah A. Soule and Hanspeter Kriesi〔eds.〕, *The Blackwell Companion to Social Movements,* 2004, p.11.	所属するグループ、組織、社会、文化、社会秩序のなかに、制度的あるいは文化的に現存する支配に対して、挑戦や抵抗をするための制度的・組織的な回路の外部において、ある程度持続的に組織だって行動する集合的現象。

（筆者作成。以下、出典がないかぎり筆者作成）

である。新しい社会運動とは、十九世紀から二十世紀前半にかけて代表的な社会運動だった労働運動の退潮と入れ替わるように台頭した、学生や女性、地域住民、社会的マイノリティなどを担い手とする社会運動の総称である。この概念を生み出したヨーロッパの研究潮流である「新しい社会運動論」（New Social Movement。以下、NSM論と略記）によれば、新しい社会運動とは、所得向上などの経済的な利害ではなく、専門家支配や能力主義への抵抗、暮らしのなかの価値や自律性の防衛などを課題とする「市民社会による市民社会の再構築の運動」であり、その「新しさ」とは、「古い政治」（＝議会を中心とする従来的な政治手法）によらず、市民社会自体を政治的空間とするような「新しい政治」を展開するところにあるという[45]。また、従来の運動は、あくまでも目標達成の手段だったのに対し、新しい社会運動では、運動行為や運動組織の形態自体が対抗的なメッセージであり、

表2　社会運動の研究アプローチと概念の蓄積

年代	ヨーロッパ	アメリカ
	マルクス主義	社会心理学的アプローチ
1960	伝統的マルクス主義	「集合行動」
	グラムシ・ネオ-マルクス主義	「構造的ストレーン」
1970	NSM 論アプローチ	資源動員論アプローチ
	「新しい社会運動」	「政治的機会」
		「資源動員」
1980	「新しい政治」	「フレーミング」
		「動員構造」
1990		「レパートリー」
		「プロテストサイクル」
		「たたかいの政治」
		サイクル論アプローチ

政治的行為としての意味をもつと指摘している[46]。

一方、アメリカでは、社会心理的な側面から社会運動を考察する集合行動論[47]への批判のなかから資源動員論といわれる研究潮流が形成され、「新しい社会運動」に対する、NSM論とは異なる研究アプローチが発達してきた[48]。このアプローチは、NSM論が、人々がなぜ運動に参加し、どのような変革を引き起こすのかに注目するのに対して、運動がどのように展開したかに注目する点が特徴的だと指摘している[49]。

表2は、ヨーロッパとアメリカにおける社会運動研究のアプローチと概念の蓄積過程を示したものである。

資源動員論の諸概念

資源動員論といわれるアプローチの分析概念には豊富なバリエーションがある。ただし、運動に参加する個人ではなく運動組織を研究の焦点とし、その内的・外的諸条件を分析対象とする点では共通している[50]。

資源動員論での概念開発の歴史を次に示す。

①一九七〇年代に登場した概念——政治的機会

一九七〇年代、資源動員論は、運動組織の資源マネジメントなどに関心を置く研究潮流と、運動組織を取り巻く政治的環境に関心を置く研究潮流とに分岐して発達した[51]。前者の代表的論者であるジョン・マッカーシーとメイヤー・ザルドによれば、社会運動の「目標」は「製品」、運動への「支持」は「需要」として置き換え可能であり、運動組織は「正統性、金銭、便益、労働」などの資源をもち、それをコントロールすることによって「良心的支持者」を獲得し、拡大していくととらえられるという。(52)

一方後者は、社会運動とは政治現象だとするアプローチであり、「政治過程論」と称されている。(53)その代表的論者であるダグ・マカダムによれば、このアプローチは「運動発生やその成り行きは、制度構造や権力内のイデオロギー傾向の変化に大きく依存している」とみる点に特徴があり、政治過程の変化を運動発展の政治的機会として概念化してきたという。(54)この政治的機会とは、「諸集団が、権力にアクセスし、政治システムを操作できそうな程度(55)」であり、「成功や失敗に関する人々の期待に影響を及ぼすことによって集合行為への誘因を与えるような、政治環境の一貫した（しかし必ずしも公式的、恒常的なものではない）さまざまな次元(56)」と説明している。また、政治的機会を構成する要素としては、政策をめぐるエリート間の亀裂、政治システムの変化、当局がとる戦略、同盟関係などをあげ、運動が政治的機会を構築・創出しうることも指摘している。(57)

②一九八〇年代に登場した概念――フレーミング、動員構造

一九八〇年代に入ると、「資源動員論の第二世代」といえる研究潮流が登場し、資源動員論の二つのアプローチの融合と統合化が進んだ。このことを推し進めた最も大きな要因は、「フレーミング論」の登場である。このアプローチの主唱者であるデイビッド・スノーらによれば、フレーミングとは、社会学者のアーヴィング・ゴフマンがいう「フレーム」、すなわち「とめどない現実の出来事の定義」によって、「なぜ」運動するのかを運動組織が内外に示し、問題解決へと人々を動機づけ、結束を固めていく過程をとらえる概念だとされる。(58)

また同時期には、「動員構造」という概念も登場している。マカダムらによれば、この概念は、運動組織の財政的資源、リーダーシップ、ネットワークなど、「人々が動員され集合行為に結びつくための集合的手段(59)」を指しているという。同じく、人と人とのパーソナルで密なつながりが運動組織の動員回路となりうることを、資源

動員論の多くの論者が指摘している。(60)

③一九九〇年代に登場した概念――レパートリー、サイクル

こうした理論的豊富化の過程を経て、一九九〇年代には「政治的機会」「動員構造」「フレーミング」という三つの概念を変数化した統合的分析のビジョンが共有されていった。(61)

加えて、一九九〇年代には「たたかいのレパートリー」（以下、レパートリーと略記）という概念が注目を集めた。レパートリーとは、ある時代に典型的な運動行為、たとえばストライキやデモ行進、バリケードなどが広範に普及することをとらえた概念であり、提唱者であるチャールズ・ティリーは「人びとが共通の関心のために共同で行為するやり方」(62)と定義している。またシドニー・タローは、特定のレパートリーの効果が社会的に認知されることによって反復的に用いられ、運動のアイデンティティを同定する手がかりになっていくことを指摘している。(63)

そして一九九〇年代の後半に「たたかいのサイクル」論（以下、サイクル論と略記）が登場した。資源動員論を出自とするこの研究アプローチは、運動組織のあり方ではなく、運動が波のように高揚し（動員局面）、一転して衰退にいたる（動員解体局面）という変化の過程に関心を置き、運動勢力が、敵対する勢力や同盟する勢力とどのような「たたかいの政治」を繰り広げたのかを分析する。サイクル論で「たたかいの政治」とは、「たたかいのサイクル」を歴史法則としてではなく、諸勢力の「政治」の展開過程として解釈することを可能にする鍵概念である。

「たたかいの政治」とサイクル論

資源動員論の潮流で「たたかいの政治（contentious politics）」は、「要求者とその対象とのあいだの非慣習的で、公共的、かつ集合的な相互作用であり、（a）少なくとも一つの政体が要求するか、その対象となるか、あるい

は要求側に組し、(b)要求が実現したときには、少なくとも一つの要求者が関心をもつところに影響する」[64]と定義されている。

この定義は、社会運動を「界」のゲームだとするニック・クロスリーの議論にきわめて近い。[65]「界」という概念の提唱者であるピエール・ブルデューによれば、それは、客観的に構造化された、星座のような空間であり、行為者の配置関係だとされ、特有の利益の獲得をもたらす各種の資本(または権力)の配分に結び付いているという。[66]クロスリーはこの概念を用いて、一九九〇年代末から二〇〇〇年代初頭にかけて世界各地で展開された「反企業闘争」を「抗議界」の実践だとし、次のように説明している。

「プレイヤー」たちは、ほとんどのことについて異なる見解をもっている。しかし、意見の不一致にもかかわらず、彼らは直接的にも間接的にも相互行為をおこない、共有する独特の、たたかいの社会空間を構成し合っているのである。彼らは互いに、構造化された関係性の中にいて、それぞれの行為は相互に干渉し合い、相互浸透しながら約分不可能な相互行為の力動を生み出している。[67]

そしてクロスリーは、この「抗議界」を「より広い図面」、すなわち「政治界」の一画に「運動の政治」として位置づけることを提案している。[68]前述の「たたかいの政治」の定義は、こうした「政治界」概念にほぼ一致するものである。

政治学者のアンドリュー・ヘイウッドによれば「政治」とは「人々がそのもとで生きるための全般的なルールを、つくり、維持し、修正する行為[69]」だという。「たたかいの政治」とは、社会運動が、こうした意味での「政治」をめぐってほかの主体とどのような相互行為を展開したのかに目を向ける概念といえる。

サイクル論は、「たたかいの政治」を「政治的機会」「フレーミング」「動員構造」「レパートリー」の四つの概念から分析する。[70]このアプローチで「政治的機会」は運動組織の外的条件、「フレーミング」「動員構造」は運動

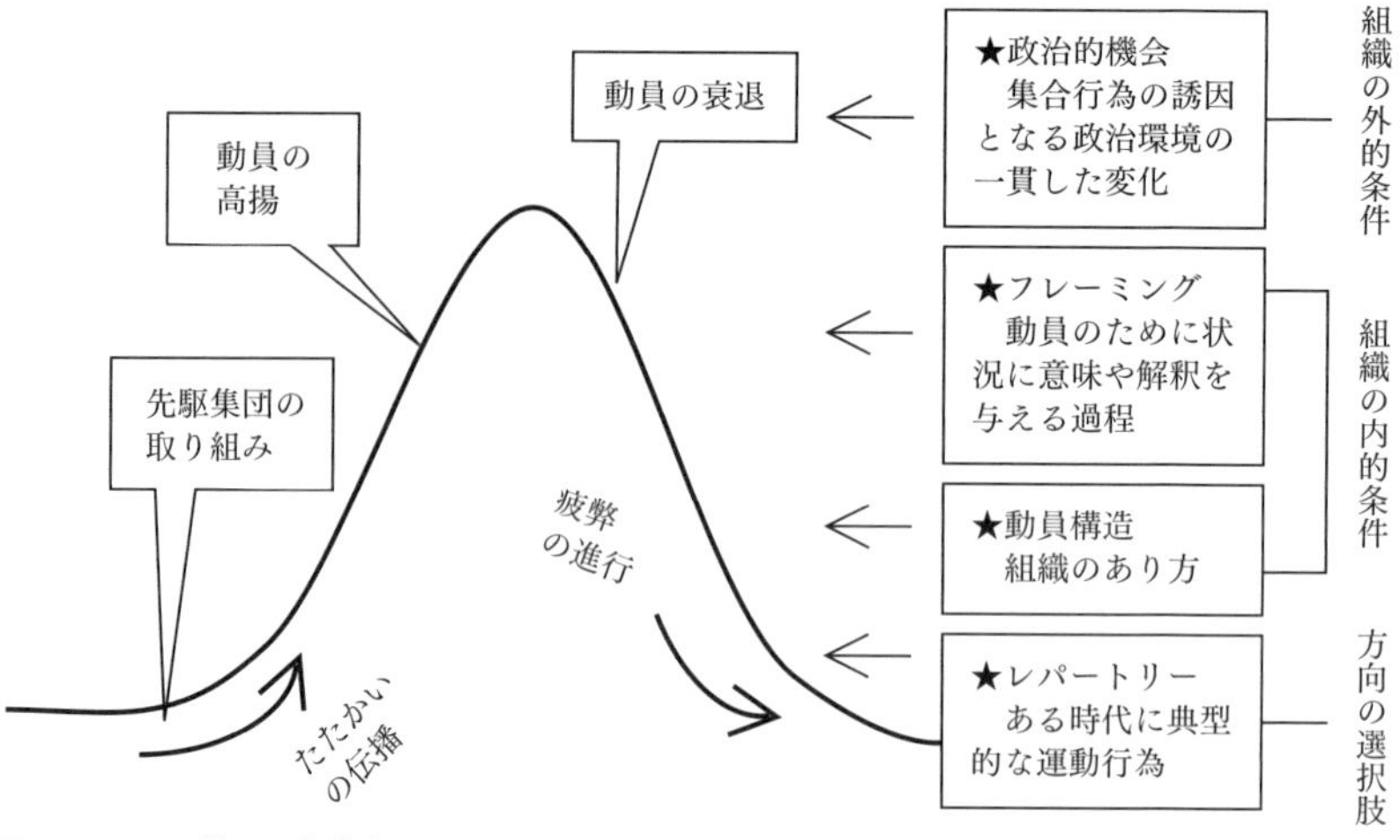

図1　サイクル論の分析枠組みのイメージ図

組織を支える内的条件として位置づけられる。そして「レパートリー」とは、運動組織が自らの内的条件に基づき、どのような方法を選択して外的条件にはたらきかけたのかをとらえる手がかりとされている（第5章「助け合い活動の史的展開の分析と考察」で詳述）。

つまりサイクル論とは、運動組織が、運動の波及効果や多くの勢力の動向のなかで、自らの条件に基づいて、どのように「たたかいの政治」を繰り広げたかをとらえる、複数のカメラのセットのようなアプローチであって、先行する議論を有機的に統合させた包括的な研究アプローチとして理解することができる。図1は、サイクル論の分析枠組みをイメージとして示したものである。

サイクル論の枠組みと「新しい社会運動」のレパートリー変化モデル

ただしサイクル論は、デモ行進やキャンペーンなど、短期間の集合行為にみられる「抗議サイクル」を研究の焦点としていて、自助グループやサービス組織、政党、利益集団を動員の衰退局面での実践の分化とみなしてきた[71]。一方、ハンスペーター・クリージは、ヨーロッパ四カ国での「新しい社会運動」の比較研究を通して、「新しい社会運動」の担い手と目される運動組織（SMOs）が、「抗議」や「紛争」という言葉が想起させるようなものよりもかなり幅広いレパートリーを展開することを報告している[72]（図2を参照）。

詳細は第5章で解説するが、図2は、「新しい社会運動のレパートリー変化モデル」とも呼びうるものであり、「新しい社会運動」に特徴的なレパートリーとその可変性を示している。図中の「ラディカル化」「インボリューション」「商業化」「制度化」は、運動組織がとりうるレパートリーの類型である。横軸は支持者の直接参加、すなわち人的資源動員の構造を示し、縦軸はどのような目標へと方向づけしているかという運動戦略を示している。

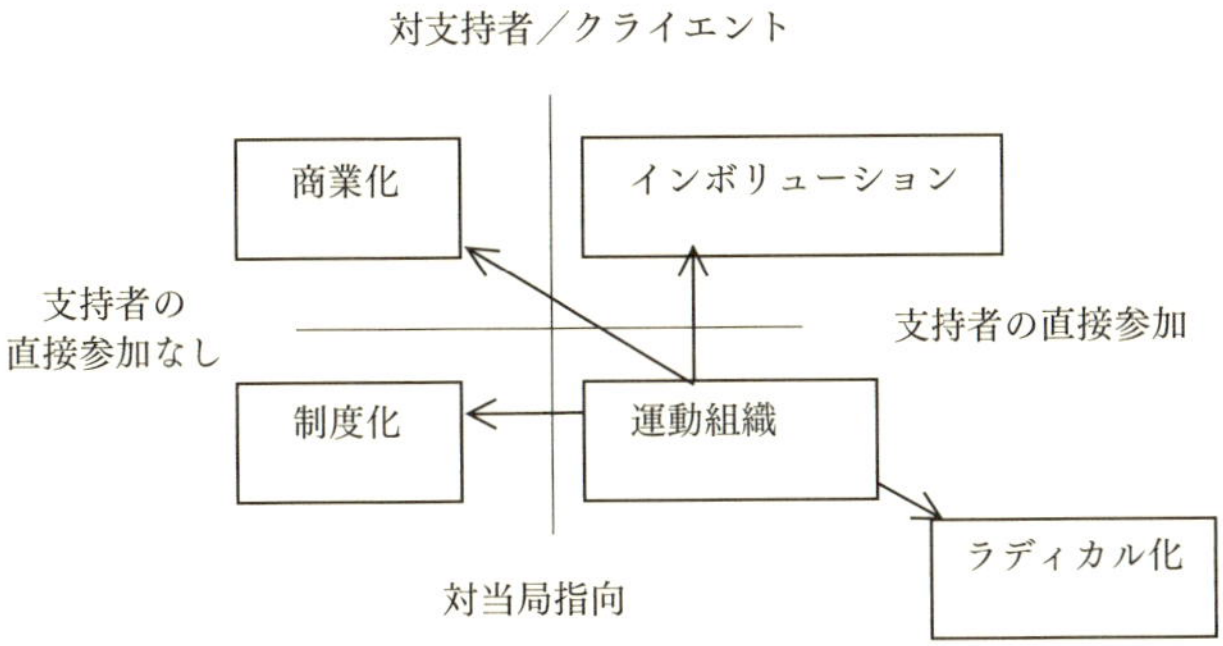

図2　クリージによる「新しい社会運動」のレパートリーの可変性の指摘（出典：Hanspeter Kriesi, “The organizational structure of new social movements in political context,” Doug McAdam, John D.McCarthy and Mayer N.Zald eds, *Comparative Perspectives on Social Movements: Political Opportunities, Mobilizing Structures, and Cultural Framings,* Cambridge University Press, 1996, p.157所収 . の Figure7.2. Typology of transformations of goal orientation s and action repartoires of SMOs.)（引用者訳）

「新しい社会運動のレパートリー変化モデル」が表しているのは、「新しい社会運動」で運動組織は、自らの内的条件と外的条件とを勘案し、戦略的に目標やレパートリーを変化させて長期にわたって運動組織を維持するということである[73]。たとえば「ラディカル化」は、支持者の動員によって当局に対して要求行動をおこなうような運動のあり方を指すが、動員が得られない場合、「新しい社会運動」の運動組織は、解散、消滅するのではなく、「商業化」によって組織の維持を図り、新たな支持の獲得を期することもあるのである。またこうして開発された新たなレパートリーが、後続の運動組織に採用されて、広く普及していくこともあるだろう。クリージが示したこの変化モデルは、一九七〇年代から今日までの生活支援をめぐる社会運動の変化の過程に解釈の枠組みを与えてくれるものである。

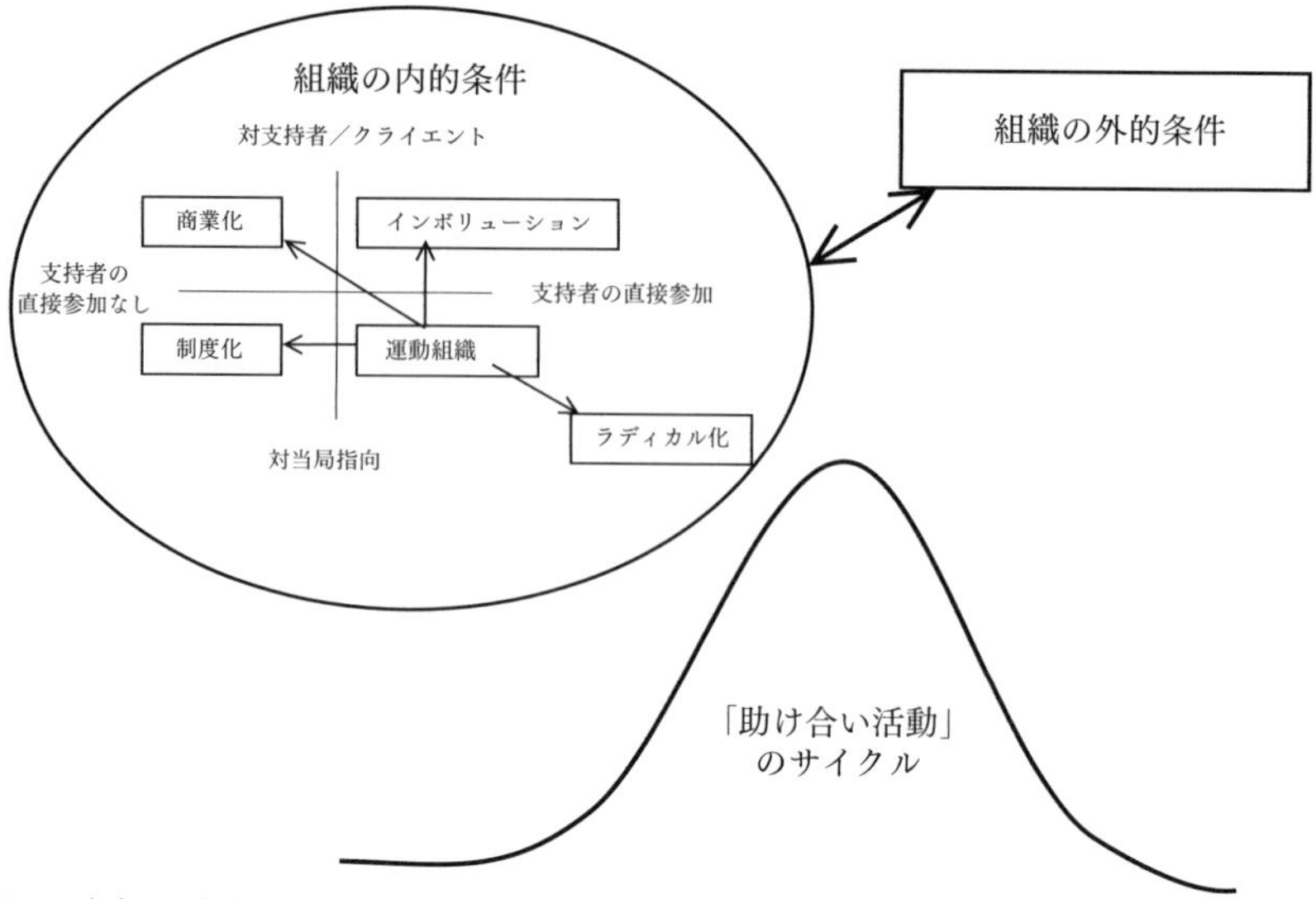

図3　本書の分析枠組み

3　本書の枠組み

助け合い活動は、およそ四十年間にわたって、多様な主体が関わり、拡大と衰退を遂げてきた活動である。多様な主体のなかには、政策サイドの諸機関やさまざまな性格の運動組織が含まれている。本書では、サイクル論の分析枠組みを援用し、助け合い活動の歴史的過程を、多様な主体が「たたかいの政治」を展開することで高揚と衰退をたどってきた「たたかいのサイクル」ととらえる。そしてこのサイクルの渦中で、住民グループ系団体から介護系NPOへと変化を遂げた「新しい社会運動」の運動組織に、どのような内的条件・外的条件が作用してきたのかを同じくサイクル論の分析枠組みを通して分析する。そのうえで、それらの条件が運動組織の方向選択にどのように反映されてきたのか、今後はどのような方向が選択されていくのかを、「新しい社会運動のレパートリー変化モデル」を参照軸として考察する。以上が本書の分析枠組みであり、図3はそのイメージである。

助け合い活動への視点

　では、介護系NPOを「新しい社会運動」の運動組織ととらえ、助け合い活動をそのレパートリーとして解釈することは妥当なのだろうか。

　前節で示したように、「新しい社会運動のレパートリー変化モデル」は「新しい社会運動」のレパートリーの幅広い可変性を示している。「新しい社会運動」のそうしたあり方については、クロスリーによる社会運動についての以下の考察が大きな示唆となる。(74)

　クロスリーによる考察の第一は、政治的紛争は家庭や仕事の場、宗教や医療の場でも起こりうるが、それぞれに価値がある戦術や資源は異なる、ということである。第二は、運動にとって何が好機となるかは、活動者のハビトゥスやもてる資本に左右されるということである。そして第三は、異議申し立ては、正当化や説明責任を果たしうる行為者に向けられているかぎりで価値がある、ということである。これらの考察をふまえるならば、「新しい社会運動」のレパートリーは、自分たちに適した方法は何か、それがどのような好機に結び付くか、異議申し立てにどれほどの価値があるか、という判断によって変化してきたと理解することができるだろう。

　日本では、一九六〇年代後半から七〇年代前半にかけて、保育所や高齢者施設などの福祉的施策を要求する住民運動や市民運動が盛んに展開された。(75)しかし八〇年代以降、そうした活動が退潮し、代わって市民活動と呼ばれるような活動が注目されてきた。(76)それは、多くの点で住民運動や市民運動と類似しているものの、問題解決の方法や長期継続性、「敵手」の不明確さなどの点で異なることが指摘されてきた。(77)また海外の福祉運動（welfare movement）研究でも、保健分野の社会運動では、運動とボランタリーなサービス提供活動との区別が難しいといわれていて、(78)NGOやボランティアグループなど、「サードセクター」を構成する組織に関する社会運動的な視点からの検討の必要性があると指摘されている。(79)

　村瀬博志は、日本では市民活動という用語によって、「抵抗・告発＝社会運動」「参加＝NPO・市民活動」という解釈図式が形成され、「運動」と「運動・のようなもの」[80]とが線引きされてきた[81]と指摘している。助け合い活動はその典型例とみなされてきたと思われる。

しかし、この活動を「新しい社会運動」と考える論者がいなかったわけではない[82]。にもかかわらず詳しい考察にいたらなかったのは、助け合い活動には、福祉政策の転換をめぐって「たたかいの政治」を展開する多様なプレーヤーが参入し、クロスリーがいう「たたかいの社会空間」を構成してきたためだろう。つまり、個々の主体のプレイの意図は多様であっても、ゲーム全体として一括りにされてきたことが、社会運動としての議論をはばんできたと考えられるのである。本書では、助け合い活動をさまざまな主体が共有する活動様式と考えることによって、活動内容の共通性による主体の一元的理解を排し、そのうえで、介護系NPOをこの活動をレパートリーとして「新しい社会運動」を展開してきた勢力と位置づける。

介護系NPOへの視点

本書が介護系NPOを「新しい社会運動」とみなす根拠は次の三点である。①主婦層による取り組みである、②既存の制度とは異なる新たな問題解決の仕組みづくりを目指している、③地域を活動が展開されるべき場としている。介護系NPOのこうした特徴は、NSM論が描いた次のような「新しい社会運動」像と大きく重なるものである。

①「担い手」

NSM論は「新しい社会運動」の担い手に、高度な学歴と確かな経済基盤をもつ「新中間層」、農民や商店主、職人などの「旧中間層」、専業主婦や学生、高齢者、失業者などの「労働市場のマージナル」をあげている[83]。

②「課題」

ＮＳＭ論は、「新しい社会運動」の中心的課題は、新中間層では「平和」や「環境」「人権」、旧中間層では、社会の変化によっておびやかされる経済的利益、「労働市場のマージナル」では、生活条件や人生のチャンスが社会的制度的に限定されていること、としている。[84]

③「政治」

ＮＳＭ論では「新しい社会運動」の政治を、「生産・教育・行政・地域」といった領域で展開され、[85]「私的な仕事や関心と、制度的で国家に承認された様式の政治との中間領域に属するような実践」によって、公的領域と私的領域の垣根を超えるものだとしている。[86]またジーン・コーエンとアンドリュー・アラートは「新しい社会運動」の政治の中心は「影響の政治」だとし、この政治は「政治社会や経済社会というレベル」で、市民的行為主体としてのアイデンティティを失うことなく何ごとかを達成するものだととらえている。[87]

以上をふまえ、本書は、助け合い活動を「たたかいの政治」という視点から振り返り、介護系ＮＰＯを「新しい社会運動」という視点から検討することは妥当であり、社会運動研究の成果を分析のために援用することにも妥当性があると判断する。

おわりに

本書の第1章から第4章は、助け合い活動の史的展開の振り返りにあてているが、この振り返りは、第5章での分析のための素材としての意味をもつ。また終章では、今日の福祉政策のもとでの介護系ＮＰＯの実際の方向選択を示す。事業構成と財務状況を詳しく取り上げているが、これは、介護系ＮＰＯの方向選択にはこの要素が大きく関わっていることによる。

表3　社会運動研究の諸概念と本書の用語の対応関係

概念	代表的定義	本研究の事象
新しい社会運動	新しい紛争はもはや、物質的再生産の領域で燃え上がるものではないし、政党や組合に導かれるのでもない。システムに合致する補償によって緩和されることもない。むしろ、新しい紛争は、文化的再生産や社会的統合、社会化という領域に生じてきている。（略）要するに新たな紛争は、分配の問題ではなく、生活形式の文法とのかかわりにおいて燃え上がるのである。[88]	住民グループ「助け合い活動」
たたかいの政治	要求者とその対象とのあいだの非慣習的で、公共的、かつ集合的な相互作用であり、(a) 少なくとも1つの政府が要求するか、その対象となるか、あるいは要求側に組し、(b) 要求が実現したときには、少なくとも1つの要求者が関心をもつところに影響する。[89]	方向選択
政治的機会	成功や失敗に関する人々の期待に影響を及ぼすことによって集合行為への誘因を与えるような、政治環境の一貫した（しかし必ずしも公式的・恒常的なものではない）さまざまな次元。[90]	政策的環境
フレーミング	潜在的な支持者や構成員を動員するために、関連する出来事や状況に意味や解釈を与える過程。[91]	共有意識の形成
動員構造	人々が動員され集合行為に結び付くための集合的手段。[92]	組織のあり方
レパートリー	人々が共通の関心のために共同で行為するやり方。[93]	活動様式

なお、「一九七〇年代」「八〇年代」「九〇年代」「二〇〇〇年以降」という時期区分は、高齢者をめぐる新しい福祉政策の提示を画期とし、それぞれの時期の政策的環境のなかでの助け合い活動の変化を示すことを狙いとして設けたものである。

第1章「助け合い活動の出発――一九七〇年代」では、一九七〇年代に登場した先駆的なグループにおいて、助け合い活動がどのように出発したのかを検討する。第2章「助け合い活動の広がり――一九八〇年代」では、八〇年代に、助け合い活動が有償ボランティアとして普及していく過程を描き出す。第3章「助け合い活動の構造転換――一九九〇年代」では、九〇年代の住民グループ系団体の介護系NPO化と、このことに関わった諸動向（NPO法制定など）を整理する。第4章「助け合い活動の再編――二〇〇〇年以降」では、介護保険制度発足以降の介護系NPOが置かれた政策的環境（地域包括ケアシステム構想など）と、そのなかで介護系NPOに生じてきた変化および今日直面する課題を提示する。

第5章「助け合い活動の史的展開の分析と考察」では、第1章から第4章でとらえられた助け合い活動と介護系NPOの変化の過程を、サイクル論の分析枠組みによって整理し、「新しい社会運動のレパートリー変化モデル」を用いて、介護系NPOのこれまでの方向選択のあり方を分析する。

そして終章「介護系NPOの岐路と方向選択」では、近年の介護保険制度再編のもとで、介護系NPOが今日、どのようなことを重視して進むべき方向を選択しているのかの知見を得るために、事例を通じた検討をおこなう。

表3は、社会運動研究の諸概念と本書が扱う事象との対応関係を示したものである。文中で、助け合い活動と表記しているが、これは、具体的な活動内容ではなく総括的な意味合いでの使用であることを表している。また、生活支援と「生活支援」が混在しているが、後者は制度的対象領域であることを指している。

注

（1）この概念は、社会学者の安立清史が提唱し（安立清史『市民福祉の社会学——高齢化・福祉改革・NPO』ハーベスト社、一九九八年）、以来、介護保険事業を実施する特定非営利活動法人の研究に多く用いられてきた。安立は、「NPO一般ではなく、介護保険制度という枠組みの中で、組織がどのように生成変化していくのか、ほかの組織との対比や比較のもとで、NPOという組織の特徴や特性を検討してゆく必要があると考え」てこの概念を生成したとし、「福祉NPO」のサブカテゴリーと位置づけている（安立清史「福祉NPO概念の検討と日本への応用——介護系NPOの全国調査から」、法政大学大原社会問題研究所編「大原社会問題研究所雑誌」第五百五十四号、法政大学大原社会問題研究所、二〇〇五年）。

（2）厚生労働省の補助金（老人保健健康増進等事業）に基づいて三菱UFJリサーチ&コンサルティングが事務局として開設・運営している単年度の研究会であり、その趣旨は「平成二十四年度から始まる第五期介護保険事業計画の計画期間以降を展望し、地域包括ケアシステムの在り方や地域包括ケアシステムを支えるサービス等について具体的な検討を行う」ものだという。二〇〇八年度から一六年度までに次のように開設し、一七年四月までに五つの報告書を発表している。

＊第一期―第二期（二〇〇八年度研究会→二〇〇九年報告・二〇〇九年度研究会→二〇一〇年報告）

「地域包括ケアを支える「システム」と「人材」の観点から具体的な論点に対して提案」

＊第三期（二〇一二年度研究会→二〇一三年報告）

「システムの基本的な要素として「自助・互助・共助・公助」や「地域包括ケアシステムの構成要素」を「植木鉢の絵」でわかりやすく提示するなど、システムの骨格となる概念整理」

＊第四期（二〇一三年度研究会→二〇一四年報告）

「医療と介護連携や医療系サービスの重要性も強調」

＊第五期（二〇一五年度研究会→二〇一六年報告）

「地域包括ケアシステムの構築を進めるために求められる自治体の大きな役割を、「地域マネジメント」の実践として整理し、自治体がその力を十分に発揮し、地域包括ケアシステムの構築に向かうための具体的な提案」

なお、全期を通じて研究会の座長は医療経営学者の田中滋である。田中は、介護保険創設に向けた政策的取り組みの端緒に位置する高齢者介護・自立支援システム研究会の委員、地域包括ケア政策へと踏み出した高齢者介護研究会の座長代理を務めるなど、高齢者介護をめぐる政策の立案に一貫して関わってきた。

（3）地域包括ケア研究会「地域包括ケア研究会報告書――今後の検討のための論点整理」三菱ＵＦＪリサーチ＆コンサルティング、二〇〇九年（http://www.mhlw.go.jp/houdou/2009/05/dl/h0522-1.pdf）［二〇一五年六月二十五日アクセス］、地域包括ケア研究会「地域包括ケア研究会報告書」三菱ＵＦＪリサーチ＆コンサルティング、二〇一〇年（http://www.murc.jp/uploads/2012/07/report_1_55.pdf）［二〇一四年三月十二日アクセス］、地域包括ケア研究会「地域包括ケアシステムの構築における今後の検討のための論点――持続可能な介護保険制度及び地域包括ケアシステムのあり方に関する調査研究事業報告書」三菱ＵＦＪリサーチ＆コンサルティング、二〇一三年（http://www.murc.jp/uploads/2013/04/koukai130423_01.pdf）［二〇一四年三月二日アクセス］

（4）前掲「地域包括ケアシステムの構築における今後の検討のための論点整理」一〇―一五ページ

（5）日本生活協同組合連合会／社会保障政策検討委員会「助け合い、支え合う社会へ――社会保障政策検討委員会最終報告」日本生活協同組合連合会政策企画部、二〇一四年（http://jccu.coop/jccu/data/pdf/announce_140401_01_02.pdf）［二〇一六年一月二十八日アクセス］

（6）同定義は二〇〇四年度版以降の『住民参加型在宅福祉サービス団体活動実態調査報告書』に示されているものである。ただし、原型となる性格規定が一九八九年の「住民参加型在宅福祉サービス全国研究セミナー」の報告書に「参考」として示されている。全国社会福祉協議会『多様化するホームヘルプサービス――住民参加型在宅福祉サービスの可能性をさぐる』全国社会福祉協議会・総合計画部、一九八九年、七〇―七一ページ

（7）新地域支援構想会議「新地域支援構想」二〇一四年（https://www.sawayakazaidan.or.jp/new_community_support_project/data/20140620_project.pdf）［二〇一四年十月二十五日アクセス］

（8）全社協による「住民参加型在宅福祉サービス団体活動実態調査」が把握した法人化の状況は調査年によってばらつきがある。二〇一一年発表の報告書では、アンケートに回答した団体数三百八十の法人化率は六八・三％で、そのうち八八％（全体の六〇％）がNPO法人であった。しかし一四年の同報告書ではNPO法人が回答団体に占める割合は三五％だった。ただし市民福祉団体全国協議会が一四年に発表した「市民参加団体」による生活支援サービスのアンケート調査報告では、回答団体の七七・五％がNPO法人だった。全国社会福祉協議会『平成二十二年度 住民参加型在宅福祉サービス団体 活動実態調査 報告書』全国社会福祉協議会、二〇一一年、市民福祉団体全国協議会『「市民参加による生活支援サービスを活用した地域包括ケアを推進する体制の整備に関する調査研究事業」報告書』市民福祉団体全国協議会、二〇一四年

（9）「NPO」の定義としては、サラモンとアンハイアーによる、①フォーマルな組織であること、②民間であること、③利益を分配しないこと、④自己統治的であること、⑤自発性に基づくこと、が広く採用されている。本書では、このうち①について、法人格をもつものと狭義に理解し、特定非営利活動法人もしくは社団法人などの認証を受けた団体を指すことにする。Lester M. Salamon and Helmut K. Anheier, *The Emerging Nonprofit Sector: An Overview*, Manchester University Press, 1996, pp.13-14.（レスター・M・サラモン／H・K・アンハイアー『台頭する非営利セ

クター――12ヵ国の規模・構成・制度・資金源の現状と展望』今田忠監訳〔SPFグローバル・ブックス〕、ダイヤモンド社、一九九六年、二〇―二五ページ

(10) 大和三重「高齢者福祉における介護系NPOの意義と今後の課題」「関西学院大学社会学部紀要」第九十九号、関西学院大学社会学部研究会、二〇〇五年、二五〇ページ

(11) 宮垣元「福祉NPOの社会学的理解に向けて――住民参加型在宅福祉サービス団体の組織特性」、福祉社会学研究編集委員会編「福祉社会学研究」第二号、福祉社会学会、二〇〇五年、三三ページ

(12) 金谷信子「介護系NPOの持続性と多様性――介護保険制度外サービスの実態分析から」、広島市立大学国際学部編「広島国際研究」第十八号、広島市立大学国際学部、二〇一二年、五七ページ(http://harp.lib.hiroshima-u.ac.jp/hiroshima-cu/file/10949/20121219035720/HJIS18-55.pdf)[二〇一六年四月二十六日アクセス]

(13) 今瀬政司「神戸の非営利組織による介護保険制度外サービス実態調査」「地域活性学会研究大会論文集」第二号、地域活性学会、二〇一〇年、二ページ(http://sicnpo.jp/imase_masashi/imase-seidogai100710.pdf)[二〇一五年八月十四日アクセス]

(14) 筒井孝子「日本の地域包括ケアシステムにおけるサービス提供体制の考え方――自助・互助・共助の役割分担と生活支援サービスのありかた」、国立社会保障・人口問題研究所編「季刊社会保障研究」第四十七号、国立社会保障・人口問題研究所、二〇一二年、三六一―三八一ページ

(15) 宮本太郎「地域社会をいかに支えるのか――生活保障の再編と地域包括ケア」、宮本太郎編『地域包括ケアと生活保障の再編――新しい「支え合い」システムを創る』所収、明石書店、二〇一四年、一五―四四ページ

(16) 杉岡直人「地域福祉における「新たな支え合い」が問いかけたもの」、鉄道弘済会社会福祉第一部編「社会福祉研究」第百二十三号、鉄道弘済会社会福祉第一部、二〇一五年、二八―三五ページ

(17) 牧里毎治「地域福祉の概念」、阿部志郎/右田紀久恵/永田幹夫/三浦文夫編『地域福祉教室――その理論・実践・運営を考える』(有斐閣選書)所収、有斐閣、一九八四年、六〇―六八ページ、牧里毎治「地域福祉の理念と概念」、市川一宏/牧里毎治編『地域福祉論』(「新・社会福祉士養成テキストブック」第十一巻)所収、ミネルヴァ書房、二〇〇七年、一三四―一三八ページ

(18) 牧里は、地域福祉の機能概念による研究とは、地域での福祉サービスの提供をテーマとするものだとし、地域福祉を福祉政策の体系に位置づけようとする研究を構造概念による研究として両者を区別したうえで、機能概念による研究をさらに「資源論的アプローチ」と「主体論的アプローチ」とに分けた。
(19) 東京都社会福祉審議会答申「東京都におけるコミュニティ・ケアの進展について」東京都社会福祉審議会、一九六九年
(20) 中野いく子「地域福祉の理論的枠組に関する一考察」、国立社会保障・人口問題研究所編「季刊社会保障研究」第十五巻第四号、国立社会保障・人口問題研究所、一九八〇年、四三ページ。中野はこの区別を M.Bayley の議論によるとしている。
(21) 三浦文夫「コミュニティ・ケアと社会福祉」、国立社会保障・人口問題研究所編「季刊社会保障研究」第七巻第三号、国立社会保障・人口問題研究所、一九七一年、二一ページ
(22) 岡村重夫『地域福祉研究』柴田書店、一九七〇年
(23) 阿部志郎「地域福祉の展開と位置づけ――コミュニティ・ケアをめぐって」「ジュリスト」第五百三十七号、有斐閣、一九七三年、一五四―一五八ページ
(24) 岡村重夫『地域福祉論』(「社会福祉選書」第一巻)、光生館、一九七四年
(25) 川島ゆり子「コミュニティ・ケア概念の変遷――新たなケアの展開に向けて」「関西学院大学社会学部紀要」第百三号、関西学院大学社会学部研究会、二〇〇七年、七六ページ
(26) 全国社会福祉協議会編『在宅福祉サービスの戦略』全国社会福祉協議会、一九七九年
(27) 三浦文夫「福祉資源の調達・配分」『社会福祉政策研究――社会福祉経営論ノート　増補版』全国社会福祉協議会、一九八七年、九五―一一八ページ
(28) 京極高宣『市民参加の福祉計画――高齢化社会における在宅福祉サービスのあり方』中央法規出版、一九八四年
(29) 小林良二「社会福祉における公私関係」、社会保障研究所編『社会福祉改革論Ⅰ――社会福祉政策の展望』(「社会保障研究所研究叢書」第十二巻)所収、東京大学出版会、一九八四年、二〇七―二二六ページ
(30) 岡本栄一「ボランティア問題をめぐる公と私」「社会福祉学」第二十六巻第二号、日本社会福祉学会、一九八五年、

三五―四八ページ
(31) さらに右田紀久恵は、戦後の公私関係論の展開を「戦後期」「一九六〇年代末から一九七〇年代前半」「一九八〇年代」の三期に区分し、八〇年代の議論の焦点は「民間性をいかに考えるか」と「在宅福祉における公私役割分担」だとしている(右田紀久恵「社会福祉における公私論の系譜」、右田紀久恵/松原一郎編『地域福祉講座②――福祉組織の運営と課題』所収、中央法規出版、一九八六年、七八―八八ページ)。右田の指摘もまた、この時期の資源論と主体論との二元論的展開を裏づけるものといえるだろう。
(32) 以下を参照。江上渉「住民参加型在宅福祉サービス提供活動への参加動機分析――調布市在宅福祉事業団協力会員調査から」、東京都立大学都市研究所編「総合都市研究」第四十二号、東京都立大学都市研究所、一九九一年、九七―一〇七ページ、藤村正之「互酬的関係性の形成とその内実――住民参加型在宅福祉サービスにおける利用と提供の相互作用過程」、東京都立大学都市研究所編「総合都市研究」第四十二号、東京都立大学都市研究所、一九九一年、八三―九六ページ、高野和良「在宅福祉サービスの存立構造――「福祉公社」の現状と課題」、国立社会保障・人口問題研究所編「季刊社会保障研究」第二十九巻第二号、国立社会保障・人口問題研究所、一九九三年、一五五―一六四ページ、小林良二「住民参加型在宅福祉サービスへの参加意識――調布ゆうあい福祉公社を中心として」、国立社会保障・人口問題研究所編「季刊社会保障研究」第二十九巻第四号、国立社会保障・人口問題研究所、一九九四年、三一二―三二一ページ
(33) 児島亜紀子「社会福祉学における参加論の系譜と利用者参加概念の発展(1)」、長野大学紀要編集委員会編「長野大学紀要」第二十巻第二号、長野大学、一九九八年、一一三―一一四ページ
(34) 以下を参照。Peter F. Drucker, *Managing the Nonprofit Organization :Principles Practices*, HarperCollins Publisher, 1990.(P・F・ドラッカー『非営利組織の経営――原理と実践』上田惇生/田代正美訳、ダイヤモンド社、一九九一年)、Lester M. Salamon and Helmut K. Anheier,*op.cit.*, 1996.
(35) 安立清史『福祉NPOの社会学』東京大学出版会、二〇〇八年、一六―一七ページ
(36) 須田木綿子「社会福祉領域における民間非営利組織の日米比較――アカウンタビリティジレンマの視点から」、家計経済研究所編「季刊家計経済研究」第六十一号、家計経済研究所、二〇〇四年、二七ページ

（37）以下を参照。Lester M. Salamon and Helmut K. Anheier, *op.cit.*、井上匡子「現代市民社会論とＮＰＯ――新しい公共性の担い手」、愛知学泉大学コミュニティ政策研究所編『コミュニティ政策研究』第三号、愛知学泉大学コミュニティ政策研究所、二〇〇一年、二九―四〇ページ（https://gakusen.repo.nii.ac.jp/?action=repository_uri&item_id=25&file_id=18&file_no=1）［二〇一五年三月二十五日アクセス］

（38）以下を参照。朝倉美江／三本松政之「福祉ＮＰＯ研究の視座」「コミュニティ福祉学部紀要」第二号、立教大学コミュニティ福祉研究所、二〇〇〇年、一五―二九ページ、安立清史「地域福祉における市民参加」、三重野卓／平岡公一編『福祉政策の理論と実際――福祉社会学研究入門』（現代社会学研究入門シリーズ）所収、東信堂、二〇〇〇年、八九―一〇九ページ

（39）武川正吾「社会政策と社会計画――イギリスにおける理念と実際を中心にして」、ソシオロゴス編集委員会編「ソシオロゴス」第五号、ソシオロゴス編集委員会、一九八一年、一〇二―一二一ページ（武川正吾「社会計画論からみた社会政策――イギリスにおける理念と実際を中心として」『社会政策の社会学――ネオリベラリズムの彼方へ』［「シリーズ・現代の福祉国家」第四巻］、ミネルヴァ書房、二〇〇九年）

（40）たとえば岡村重夫は、「地域社会」とは「住民の全員参加を可能にし、住民生活の主体性が尊重されるような地域社会でなければならない」としながら、そこでの「同一性ないし共属の感情にもとづく相互的援助」は、「「社会福祉的援助」を支持し、またその効果を確実にするという資源的価値をもちうるものである」としている（岡村重夫『地域福祉論』光生館、二〇〇九年、一〇―四〇ページ）

（41）「運動論」（「新政策論」とも呼ばれる）とは、一九六〇年代後半に一番ヶ瀬康子・高島進・真田是らが提起した議論である。社会福祉学には伝統的に、政策・制度に対する関心と、「援助技術」という人間行為に対する関心という二つの流れがあり、両者は五〇年代から長期にわたり、「社会福祉」の本質をめぐる「政策論」と「技術論」の論争というかたちで対立した。これに対し「運動論」は、「現場からの政策変革」という視座の導入によって二つの関心が統合可能だとし、援助実践と社会運動との結合の必要を説いた。もともと援助技術論は「ソーシャル・アクション」という方法論を包含している。政策・制度と人間行為のつながりの様相は、いわば社会福祉学にとって懸案の研究課題だった。また各種の市民運動や学生運動が展開された「政治の季節」という背景もあって、「運動論」は七〇

年代初頭の社会福祉学に大きな影響を与えた。古川孝順「戦後社会福祉理論の批判と継承」『社会福祉学序説』有斐閣、一九九四年、三三―三九ページ

(42) 一番ヶ瀬康子『現代社会福祉論』時潮社、一九七一年、二八九ページ

(43) 真田是は、社会福祉には、「政策論」が主張するような効果、すなわち「資本主義のもとで富と支配とをわがものとしているごく少数の人びとに有利な効果」と、「社会問題の悲惨な事態が広がり波及することを防ぎ断ち切る」効果との二面性があるとした。前者が「運動論」が考える「政策効果」であり、後者が「福祉効果」である（真田是「社会福祉と社会運動」、一番ヶ瀬康子／真田是編『社会福祉論』〔有斐閣双書〕所収、有斐閣、一九六八年、一二五ページ）。

(44) 一番ヶ瀬は、ボランティア運動や生活協同組合運動を、制度的福祉に代わる「福祉」の担い手として評価し、「みんながゆるやかにそれぞれの人権を守りあう社会」としての「福祉社会」の実現に結び付いていく動きだとしている（一番ヶ瀬康子『生活福祉の成立』〔生活学選書〕、ドメス出版、一九九八年、一八九―二五七ページ）。しかし真田是は、それは「社会福祉運動」の多様化を意味しているとしたうえで、「自助・互助型の社会福祉運動は自足型なので、何かに向けて要求し運動するというものではない。またこの型は大きくなっていくことはあるが、助け合いの力が大きくなるのであって、社会に及ぼす影響力・社会を規定する力量（略）が大きくなるわけではない」という否定的な評価を下している（浅井春夫／小賀久／真田是編『社会福祉運動とはなにか』〔「講座・21世紀の社会福祉」第二巻〕、かもがわ出版、二〇〇三年、五三―五四ページ）。

(45) 以下を参照。Alain Touraine, *The Post-Industrial Society; Tomorrow's Social History: Classes, Conflicts and Culture in the Programmed Society*, Random House, 1971, Jürgen Habermas, "New Social Movements," *Telos*, 49, sep 21, pp.33–37, Claus Offe, "New Social Movements: Challenging the Boundaries of Institutional Politics," *Social Research*, 52(4), 1985, pp.817–868, Alberto Melucci, "The New Social Movements: A Theoretical Approach," *Social Science Information* 19(2), 1980, pp.199–226, Alberto Melucci, *Nomads of the Present: Social Movements and Individual Needs in Contemporary Society*, Temple University Press, 1989.（アルベルト・メルッチ『現在に生きる遊牧民《ノマド》――新しい公共空間の創出に向けて』山之内靖／貴堂嘉之／宮崎かすみ訳、岩波書店、一九九七年）

(46) 以下を参照。Alberto Melucci, *Challenging Codes: Collective Action in the Information Age*, Cambridge University Press, 1996.

(47) 集合行動論とは、社会運動を含む集合行動が、どのような心理過程をたどって形成されていくかに関心を置く研究アプローチである。代表的な論者であるハーバート・ブルマーは、社会運動は、緊張（ストレーン）による「不安」「不満」が引き起こす点で、パニックや暴動などの「原初的行動」と共通した現象とみる（Herbert Blumer, *Symbolic Interactionism; Perspective and Method*, Prentice-Hall, 1969.）。一方ニール・スメルサーは、集合行動とは、「構造的ストレーン」によって誘発され、工業製品が段階的な加工処理過程を経て製品として完成していくのと同様の「価値付加」の過程を通して形成されていくものだとしている（Neil J. Smelser, *Theory of Collective Behavior*, Free Press of Glencoe, 1963.）。

(48) 以下を参照。Craig J.Jenkins, "Resource Mobilization Theory and the Study of Social Movements," *Annual Review of Sociology* 9(1), 1983, pp.527–553, Steve M.Buechler, "The Strange Career of Strain and Breakdown Theories of Collective Action," David Snow, Sarah Soule and Hanspeter Kriesi, *The Blackwell companion to social movements*, 2007, pp.51-53, Alberto Melucci, op.cit., 1980, p.212、長谷川公一「資源動員論と「新しい社会運動」論」『社会運動論の統合をめざして』成文堂、一九九〇年、一一ページ

(49) Alberto Melucci, op.cit., 1980, p.212.

(50) 長谷川公一「社会運動の政治社会学——資源動員論の意義と課題」「思想」一九八五年十一月号、岩波書店、一一七ページ

(51) 以下を参照。Nick Crossley, *Making Sense of Social Movements*, Open University Press, 2002.（ニック・クロスリー『社会運動とは何か——理論の源流から反グローバリズム運動まで』西原和久／郭基煥／阿部純一郎訳、新泉社、二〇〇九年）、矢澤修次郎編『社会運動』（「講座社会学」第十五巻）、東京大学出版会、二〇〇三年

(52) John D. McCarthy and Mayer N. Zald, "Resource Mobilization and Social Movements: A Partial Theory," *The American Journal of Sociology*, 82(6), pp.1217-1218.

(53) 単純化すれば、前者は経済学的な見方、後者は政治学的な見方に立脚して、社会運動の生成と展開をとらえようと

する潮流である。

(54) Doug McAdam, “Conceptual origins, current problems, future directions,” Doug McAdam, John D.McCarthy and Mayer N.Zald, *Comparative Perspectives on Social Movements: Political Opportunities, Mobilizing Structures, and Cultural Framings*, Cambridge University Press, 1996, p.23.

(55) Peter K.Eisinger, “The Conditions of Protest Behavior in American Cities,” *The American Political Science Review*, 67(1), 1973, p.25.

(56) Sidney G.Tarrow, *Power in movment: Social Movements and Contentious Politics*, Cambridge University Press, 1998, p.199.（シドニー・タロー『社会運動の力——集合行為の比較社会学』大畑裕嗣訳、彩流社、二〇〇六年、一三九ページ）

(57) 以下を参照。Kriesi Hanspeter, Ruud Koopmans, Jan Willem Duyvendak and Marco G. Giugni, *New Social Movements In Western Europe: A Comparative Analysis*, University of Minnesota Press, 1995, p.xvi, William Gamson and David Meyer, “Framing political opportunity,” Doug McAdam, John D. McCarthy and Mayer N.Zald eds., *Comparative Perspectives on Social Movements: Political Opportunities, Mobilizing Structures, and Cultural Framings*, Cambridge University Press, 1996, p.276.

(58) David A Snow and R.D.Benford, “Ideology, Frame Resonance and Participant Mobilization,” *From structure to action: comparing social movement research across cultures*, 1988, pp.197–217. 同文献でスノーらは、「フレーミング」の過程は、単独の運動組織内では「集合行為フレーム」、複数の運動組織間では「マスターフレーム」の構築が進められるとしている。つまり「フレーミング」とは、結束と拡大の両方を担う装置だということである。ゴフマンの「フレーム」概念については以下を参照。Erving Goffman, *Frame Analysis: An Essay on the Organization of Experience*, Harper & Row, 1974, p.21.

(59) Doug McAdam, John D. McCarthy and Mayer N. Zald, “Introduction: Opportunities, mobilizing structures, and framing processes - toward a synthetic, comparative perspective on social movements,” Doug McAdam, John D. McCarthy and Mayer N. Zald eds., *Comparative Perspectives on Social Movements: Political Opportunities, Mobilizing*

Structures, and Cultural Framings, Cambridge University Press, 1996, p.3.

（60）以下を参照。Anthony Obershall, *Social Conflict and Social Movements,* Pearson Education, Limited, 1973, pp.125-127, Charles Tilly, *From Mobilization to Revolution,* McGraw-Hill, 1978, p.63, Doug McAdam, *Political Process and the Development of Black Insurgency (1930–1970),* The University of Chicago Press, 1982, Mario Diani, "Social Movements and Social Capital: A Network Perspective on Movement Outcomes," *Mobilization: An International Quarterly* 2, 1997, p.130. ディアーニは、運動への参加の基礎は「関与する行為者のあいだの相互信頼や相互承認」であり、運動の成果にこうした結び付きが大きく影響すると指摘している。

（61）以下を参照。Doug McAdam, John D.McCarthy and Mayer N.Zald, op.cit., p.2、長谷川公一／町村敬志「社会運動と社会運動論の現在」、曾良中清司／長谷川公一／町村敬志／樋口直人編『社会運動という公共空間——理論と方法のフロンティア』所収、成文堂、二〇〇四年、三—五ページ

（62）Charles Tilly, *Popular contention in great Britain 1758–1834,* Routledge, 1995, p.41.

（63）Sidney G. Tarrow, *op.cit.,* 1998=2006, pp.30-37.

（64）Doug McAdam, Sidny G. Tarrow and Charles Tilly, *Dynamics of Contention,* Cambridge University Press, 2001, p.5.

（65）Nick Crossley, ibid., 2002a, pp.674-679, Nick Crossley, "Global Anti–Corporate Struggle: A Preliminary Analysis," *British Journal of Sociology,* 53(4), 2003, pp.667–691.（ニック・クロスリー「グローバルな反企業闘争——ひとつの予備的分析」、前掲『社会運動とは何か』所収、三二一—三六〇ページ）

（66）Pierre Bourdieu and Loic J. D. Wacquant, *An Invitation to Reflexive Sociology,* University of Chicago Press, 1992, p.97.

（67）Nick Crossley, op.cit., 2002b, p.674.

（68）Nick Crossley, op.cit., 2002a, pp.181-183.

（69）Andrew Heywood, *Politics,* Palgrave Macmillan, 2002, p.4.

（70）Sidney G.Tarrow, *op.cit.,* 1998=2006.

（71）以下を参照。Sidney G.Tarrow, *ibid.,* 1998.

（72）クリージの研究の影響を受け、今日のサイクル論は、運動組織の多様性を、一つのサイクルの終了後もさまざまな組織形態をとりながら活動家の動員を維持していくという、社会運動の新たなあり方としてとらえている。以下を参照。Sidney G. Tarrow, *Power in movement*, Cambridge University Press, 2011, pp.212-214.

（73）Hanspeter Kriesi, "The organizational structure of new social movements in a political context," Doug McAdam, John D. McCarthy and Mayer N. Zald eds., *Comparative Perspectives on Social Movements: Political Opportunities, Mobilizing Structures, and Cultural Framings*, Cambridge University Press, 1996, pp.154-160.

（74）Nick Crossley, op.cit, 2002b, p.684.

（75）西尾勝「行政過程における対抗運動——住民運動についての一考察」、日本政治学会編「年報政治学」第二十五号、木鐸社、一九七四年、六九—九五ページ

（76）山岡義典は、「市民活動」という用語の一般化のきっかけは、一九八四年から実施されたトヨタ財団による「市民活動の記録の作成に関する助成」だったとしている（堀田力／山岡義典／和田敏明「鼎談・ボランティア活動推進にむけての社会的支援」、「シリーズ ボランティア革命24」「月刊福祉」第七十八巻第十四号、全国社会福祉協議会、一九九五年、五〇—五九ページ）。

（77）松元一明「「市民活動」概念の形成——近接概念との関係性と時代背景を中心に」、大学院紀要編集委員会編「法政大学大学院紀要」第六十七号、法政大学大学院、二〇一一年、一八三—二一三ページ

（78）Jason Annetts, Alex Law, Wallace McNeish and Gerry Mooney, *Understanding Social Welfare Movements*, Policy Press, 2009, p.125.

（79）Greg Martin, "Social Movements, Welfare and Social Policy: A Critical Analysis," *Critical Social Policy*, 21(3), 2001, p.364.

（80）日本の「運動」の現実についての大畑裕嗣の表現である（大畑裕嗣「モダニティの変容と社会運動」、前掲『社会運動という公共空間』所収、一五九ページ）。

（81）村瀬博志「「市民社会」の再編成を捉えるために——〈社会運動の同定問題〉の再考を通して」「ソシオロゴス」第三十二号、ソシオロゴス編集委員会、二〇〇八年、一一四—一二九ページ

（82）以下を参照。高木博史／金子充「ソーシャル・アクション再考――社会福祉運動と新しい社会運動の接続から生まれるもの」、立正大学社会福祉学会編集委員会編「立正社会福祉研究」第六巻第二号、立正大学社会福祉学会、二〇〇五年、一―九ページ、朝倉美江「助け合いを「新しい社会運動」（制度改革）へ」「福祉の協同研究――福祉の協同を考える研究会会誌」第二号、福祉の協同を考える研究会、二〇〇七年、三―一〇ページ、安立清史「介護ＮＰＯの達成と課題」、上野千鶴子／大熊由紀子／大沢真理／神野直彦／副田義也編『ケアを実践するしかけ』（「ケア その思想と実践」第六巻）所収、岩波書店、二〇〇八年、九九―一一五ページ

（83）Claus Offe, op.cit., pp.832-838, Alberto Melucci, *Nomads of the Present*, pp.54-55.

（84）Alberto Melucci, *Nomads of the Present*, pp.54-55.

（85）Alberto Melucci, *ibid.*, pp.211-212.

（86）Claus Offe, op.cit., p.820.

（87）Jean L. Cohen and Andrew Arato, *Civil Society and Political Theory*, MIT Press, 1992, pp.562-563.

（88）Jürgen Habermas, op.cit., p.33.

（89）Doug McAdam, Sidny G. Tarrow and Charles Tilly, *op.cit.*

（90）Sidney G.Tarrow, *op.cit.*

（91）David A Snow and R.D.Benford, op.cit.

（92）Doug McAdam, John D.McCarthy and Mayer N.Zald, op.cit.

（93）Charles Tilly, *op.cit.*, 1995.

第1章　助け合い活動の出発——一九七〇年代

はじめに

助け合い活動の源流は、都市近郊の中高年主婦たちが、地域で自主的に開始した住民グループの活動に求めるのが通例である。この活動を全社協は、「公的サービスでもなく、従来の通念で理解されてきた狭い意味でのボランティア活動とは異なる面をもち、また、営利的なシルバーサービスでもないまったく新しくユニークな特徴をもつ」取り組みであり、一九八〇年から八五年ごろ（昭和五十年代後半）に、東京や阪神地域などの大都市の近郊地域を中心に、「居宅での家事援助や日常生活の手伝い、あるいは身の回りの世話[1]」などを提供する会員制、有償のボランティア活動として現れ、のちに、「住民参加型在宅福祉サービス」の「住民互助型」と類型化されていったと説明している[2]。

この活動は、多くの新たな担い手へと継承され、介護保険制度の発足時にはＮＰＯ法人として制度の一画をなし、生活支援サービスの土台を形成していく。本章では、そのような流れの出発点がどのようなものだったのかを検討する。

1　住民グループの誕生

全社協が一九八七年に発表した調査報告書によると、「公的な援助を受けずに独自財源もしくは民間財源」によって「民間有料在宅福祉（ホームヘルプ）サービス」を実施する団体のうち最も早い設立は、七五年に川崎で発足し、横浜、相模原、千葉に支部を形成していったユー・アイ協会だという。(3) 同団体は、「会員制、点数制、チーム制」を採用した有償ボランティアの先駆けであり、のちに横浜市ホームヘルプ協会と神奈川県ホームヘルプ協会という二つの有料ホームヘルパーシステムを生み出す母体となった団体である。(4)

ただしこの団体以前にも、自主的に高齢者の生活支援をおこなう住民グループが「主として家庭婦人が無償で、助け合いの気持ちで」展開していたと指摘されていて、(5) その確認できる例として小金井老後問題研究会と「杉並・老後を良くする会」をあげることができる。

小金井老後問題研究会は一九七一年に発足し、寝たきり予防を中心課題として、リハビリテーション施設を軸とした行政施策の要求運動と、介護予防活動や介護相談、生活支援ボランティアを組み合わせた活動を展開した団体である。(6)「杉並・老後を良くする会」は七二年に発足し、小規模多目的施設建設運動を中心に、各種の生活支援ボランティアを展開した団体である。(7) 本書は、七〇年代に出発したこれらの活動を、助け合い活動の出発点と位置づける。

2　コミュニティ・ケアの焦点化――政策的環境

一九七〇年代は、その前半と後半とで、福祉政策が大きく転換した時期である。前半はいわゆる革新自治体の時代で、住民運動を背景として台頭した革新首長たちがシビル・ミニマムを掲げて、国の基準を上回る福祉施策を次々と実現し、福祉向上に関する行政への期待が高まった時期といえる。松原治郎らによれば、七二年当時の各自治体は七、八種類の住民運動を抱えていて、各種の施策や施設を求める要求運動に対しては、予算化による問題解決が次々に図られたという(8)。

しかし後半は、経済構造の変化を受けて「福祉見直し」が声高に主張された時期であり、福祉向上への行政施策に歯止めがかかっていく。一九七九年には「新経済社会七カ年計画」(閣議決定)が、「新しい日本型福祉社会の実現」を打ち出し、「公的にも家庭づくり、近隣・地域社会づくり等生活の各断面における条件整備を重視」するという方向を示している。

こうした経済・政治の変動のなかにあっても、人口の高齢化にともなう老人問題の増大が着々と進行していた。一九六八年に全国社会福祉協議会が実施した「居宅ねたきり老人実態調査」は、「ねたきり老人」の存在と「息子の妻」による介護負担を示している(9)。そして、これをきっかけとして「老人ブーム」が起きたといわれている(10)。六九年には老人家庭奉仕員派遣事業への国庫補助が拡大し、奉仕員が前年度の千三百十三人から五千九百人へと大幅増員され、また七二年には、認知症介護を題材とした『恍惚の人』(11)がベストセラーになり、翌年映画化されている。

一九七〇年、中央社会福祉審議会「老人問題に関する総合的諸施策について」は、「事情の許すかぎり居宅で、家族、近隣の暖かい理解のもとに生活を営むことが、老人自身のニードである」とし、今後は、「老人の需要の多様性に応じたサービスのあり方が、家庭、地域社会、政府等の各方面から早急に検討され、必要な対策が講ぜられる必要がある」[12]と指摘した。同審議会は翌七一年には「コミュニティ・ケア」の推進を打ち出し、「コミュニティ資源」の面での公的領域と私的領域の補完関係の形成や、社会福祉協議会を推進母体とする地域組織化の強化、地域福祉施設の整備が必要だとした[13]。また同年には、「ひとり暮らし老人のための対策」として老人介護人派遣事業が開始された。この制度は、日常生活の支障を抱える高齢者宅に地域住民（老人クラブの会員、近隣の主婦など）を介護人（有償ボランティア的な性格をもつ）として派遣するものである。七三年には民間施設の先進的な取り組みを受け、老人向け食事サービスへの国庫補助が開始された。さらに東京都の友愛訪問員制度の発足も同年である[14]。

一九七六年には、「在宅老人福祉対策事業の実施及び推進について」（厚生省社会局長 社老第二十八号）が発表された[15]。在宅老人福祉対策事業とは、家庭奉仕員制度を補完する在宅サービスの提供の枠組みとして設けられたものであり、市町村を提供主体とし、ねたきり老人対策事業、ひとり暮らし老人対策事業、生きがい対策事業を三つの柱とした事業であった[16]。

この枠組みに、一九七八年にショートステイ事業、七九年にデイ・サービス事業（通所サービス）が加えられ、八一年には、デイサービス事業に訪問サービス事業が加えられた[17]。訪問サービス事業について同年の「当面の在宅老人福祉対策のあり方について（意見具申）」（中央社会福祉審議会）は、「きめ細かな在宅福祉サービスの体系的整備に寄与するとともに、これら福祉サービス業務を部分的に含む老人家庭奉仕員派遣事業等と一体となって一層対象老人の福祉ニーズに応えることが期待できる」[18]としている。生活支援を、家庭奉仕員業務から独立した領域と認識し、別途の制度化が必要と考えていたことがうかがえる。

こうした政策と並行して、同時期には、コミュニティ再興の担い手としてボランティアを養成する施策が取り組まれた。一九六九年の国民生活審議会調査部会コミュニティ問題小委員会報告「コミュニティ――生活の場における人間性の回復」は、伝統的な地域共同体の崩壊を指摘し、これに代わる「「市民型住民層」に支持をうけたコミュニティ」の必要を提起した。[19]これを受けて、七〇年には自治省が「コミュニティ（近隣社会）に関する対策要綱」をまとめ、地域づくりへの住民参加を促した。[20]七三年には、社協のボランティア・センターの前身となる「奉仕銀行」への国庫助成が始まり、七六年には婦人ボランティア活動促進事業が開始された。この事業は、婦人ボランティア育成講座と、講座修了生をボランティア活動の場に派遣する派遣事業との二つのプログラムによって構成され、修了生を老人世帯や老人ホームにも派遣したものである。[21]文部省の「昭和六十三年度 我が国の文教施策」によれば、八三年度のプログラム修了者の七割近くがその後も活動を継続したという。[22]また、コミュニティ・ケアと婦人ボランティアの育成とを一体の課題とみる政策の方向性は、七二年、東京都民生局婦人部『婦人ボランティア援助事業の企画について』にすでにみられる。この報告では、コミュニティ・ケアの実現のためには地域住民による社会福祉事業への参加が必要だとするとともに、婦人が社会福祉事業にボランティアとして参加することは、婦人の地位向上のためにも大きな意義をもつとしている。[23]

大阪ボランティア協会の岡本栄一は、この時期には国や地方自治体がコミュニティづくりの担い手として、直接的にも間接的にもその政策のなかでボランティアの育成を推し進め始めたと指摘している。[24]

3 「協力し合えば」――共有意識の形成

こうした状況下で成立した住民グループをまとめたのは、解決すべき問題とその解決策に関する共有意識であり、行動することの正しさへの心情的な確信だったと考えられる。

それぞれの団体で解決すべき問題は、リーダーたちによって次のように提起された。

「寝たきりの人が小金井市に二百人近くいることは分かっているじゃないか。この中にリハビリを行うことによってふたたび立ち上がれる人もたくさんいるはず[25]」（小金井老後問題研究会）、「老人問題のなかでもとくに大きい問題の一つは、福祉と医療が切り離されていることです。また二十三区内に特別養護老人ホームは数ヵ所しかなく、三多摩方面に偏在し、地域社会から隔てられています。施設のなかには経済効率を優先した規模の大きな単なる収容施設もあり、回復して家に戻れる可能性はほとんどありません」(26)（杉並・老後を良くする会）、「日本の福祉行政は、ニードというよりも、経済的な要素で区分され、底辺とトップは何とかなっていますが、中間層へのサービスが欠けているように思われる」(27)（ユー・アイ協会）。それは、住民グループがとらえた、自分たちが住む地域での、福祉の問題状況であった。

住民グループは、この状況を変革する方策についての学習と討議を重ね、問題解決のビジョンを描いた。小金井老後問題研究会が構想したのは、地域にリハビリテーション施設を建設することであり、「杉並・老後を良くする会」が構想したのは、地域に小規模多目的施設を建設することだった。これらはいずれも、自分たちが居住する地域に根差した医療と福祉の複合施設をつくることで、生活の連続性を保とうと考えたものである。そして三つの団体のなかでは後発のユー・アイ協会が、地域住民同士の「助け合い」のシステムを構想した(28)。

これらの構想への賛同を集めるために、次のような訴えかけが発せられた。「在宅老人を介護する側の問題も主なものは女性の問題であり、介護を受ける側の老人も、女性の方が男性より長生きする現実ですから、女性はしっかりと手を結び合って開拓していかなければならないのです」(29)（小金井老人問題研究会）、「老人問題を個人の犠牲と努力に任せきりにするのは、まちがっているのではないか？　面倒みるほうも、みられるほうも、お互い犠牲にならず、人間らしい生き方を全うするためにはどうしたらよいのだろうか？」(30)（杉並・老後を良くする会）、「私たちの望む社会福祉とはどのようなものであれば良いのでしょうか。また、人間として、市民として、心の通う近隣社会を育てるためにはどのように協力し合えば良いのでしょうか」(31)（ユー・アイ協会）。こうした訴えかけには、家族内解決ではなく、従来制度の強化でもない、自分たちが望むような新たな問題解決の仕組みを、ケアに携わってきた女性同士の協力によって地域に創造していこうとする住民グループの意思が示されているといえるだろう。

4　行動するサークル――組織のあり方

住民グループはいずれも、数人の主婦たちの学習サークルを出発点として生まれた。小金井老後問題研究会は、地域の「母親の勉強会」[32]が「草の実会」会員を講師として開催した老人問題の学習会が起点となり、そこに参加した七人の主婦によって立ち上げられている。[33]またユー・アイ協会を立ち上げたのは、「草の実会」、神奈川県社協のボランティアスクール、「豊かな老後の為の国民運動同志会」などに参加していた六人の主婦である。[34]「杉並・老後を良くする会」もそのスタートは、地域の読書会サークルが十数人の主婦を集めて開催した老人問題の座談会である。[35]

活動の発端は、「学んでいるだけでは前進はない、何か行動をしなければ[36]」（ユー・アイ協会）、「何か切迫したやむにやまれぬ気がして[37]」（杉並・老後を良くする会）という、リーダーたちの言語化しがたい心情だったという。この心情は、地域の多くの専業主婦たちが共有するものだったと思われる。「かなり以前から地域活動が盛んな土地柄で、新旧大小さまざまなグループが思い思いに動いていた[38]」（杉並・老後を良くする会）という状況があり、またたく間に多くの人材が結集することになったのである。会員のなかには、地域の高齢者や障害者へのボランティア活動に自主的に参加していた者、当時すでに各地で展開されていた食事サービスや友愛訪問、老人介護人派遣事業の担い手、なんらかの住民運動の経験者など、社会的な活動のノウハウをもつ者も少なくなく、いずれのグループでも、立ち上げからほどなく、行政交渉や関係機関の支援の調達を活発に展開している。[39]

さらに、いずれのグループも、学識者や専門機関の支援を得ることに成功している。小金井老後問題研究会では、東京都養育院付属病院（現・東京都健康長寿医療センター）の医師やリハビリテーション専門職がリハビリ相談に協力し、「杉並・老後を良くする会」では、地元生協病院の医師や、社会福祉学者の一番ヶ瀬康子らが顧問役を担っている。ユー・アイ協会では、設立時から神奈川県社協の元善意銀行所長[40]が相談役となり、川崎市社協、労働省神奈川婦人少年室の協力を得ている[41]。これらの支援は、住民グループの活動の公益性を内外に担保するものになっていたと考えられる。

ただしこの時期の住民グループの組織のあり方は、基本的に、地域の主婦たちが人脈を通じて自然発生的に集まり、討論を通じて、それぞれの個人が担えること、集団の力によって可能なことに取り組んでいくものだった。このことから、この時期の住民グループの性格を「行動するサークル」ということができる。

5　持続可能な運動体——活動様式のあり方

このような共通性をもちながら、住民グループは、それぞれの構想に沿った活動を展開していく。小金井老後問題研究会と「杉並・老後を良くする会」が最初に展開したのは、署名活動や陳情など、伝統的な方法による行政要求運動である。しかし、行政の緊縮予算の壁は厚く、どちらの団体もしだいに後退を余儀なくされている[42]。小金井老後問題研究会は一九七七年に小金井市からリハビリ相談事業を受託し、いまでいうピアサポートの相談支援活動に軸足を移した。また「杉並・老後を良くする会」は七八年に、ボランティア活動の事業体である「友愛の灯協会」を発足させた。その設立趣意書には、「実態に即した福祉と医療の結合を目指す道のりは、これから先も困難なものでありましょう。しかし、とにかくも心ある人々の結集を財産とし、地道な事業活動を通じて、やがては究極の目的に達するべく、皆様と共に決意を新たにするものであります」と、同協会の設立が運動の活動様式の転換であることを記している[43]。

一方後続のユー・アイ協会は一九七五年、「友情と愛情で結ばれた、平等な人間関係」を基礎とする「ギブ・アンド・テイクの助け合い[44]」として「会員制・有償制のボランティア」の仕組みを立ち上げた。活動内容は主に、家事を中心とする生活支援である。その仕組みは、七三年に大阪で発足したボランティア労力銀行の「時間預託」とほぼ共通している。[45]ただし、団体による預託管理はおこなわず、一時間一点から三点×百円の現金精算方式を採用している。ユー・アイ協会はボランティアを有償にすることについて、「受ける側の精神的負担を軽くし、奉仕をしても持ち出しにならない[46]」ための方策だと説明している。だが担い手たちには、報酬はきわめて少額であるにもかかわらず「賃金のような錯覚を覚え易く、何となく割り切れない[47]」ものと受け止められたという。

ユー・アイ協会の取り組みはマスコミなどを通じて大きな反響を呼び、一九七七年に相模原支部、七八年に千葉支部を開設するなど各地に波及した。しかし発足から三年後には、この仕組みの行き詰まりが意識されたという。次は立ち上げメンバーの一人の述懐である。

> 私どもは例え小さな事でもコツコツと活動することによって、少しづつ《（ママ）》でも賛同者が増え、地域社会に福祉の輪が広がって行くのではないかという甘い夢を見ていた。（略）しかし、此の所、奉仕者の数は固定化してきているのである。（略）それればかりでなく、熱心に奉仕活動を続けて来た有能な奉仕者の中にも、（略）奉仕活動から遠ざかって行く会員がボッボッと出はじめているのである。（略）奉仕活動は精神だけで続くものではなく、或る程度の経済的、肉体的、時間的な余裕の裏付けが必要なのではないであろうか？[48]

一九八一年、ユー・アイ協会は、別組織としてホームヘルプ協会を発足させた。[49]これは、最低賃金並みの報酬を設定した「有料ホームヘルプ」の事業体である。この事業体で「有償制」は、支援者と被支援者との平等性を確保するための方便ではなく、労働の対価として位置づけられた。ただし、報酬は引き上げられたものの、利用会員と協力会員（ヘルパー）の両方が会費を払う会員制と、ボランティア精神に基づく活動だという共有意識は堅持された。ホームヘルプ協会のパンフレットには「ボランティア活動として家事援助や介護をいたします[50]」と記されている。

ホームヘルプ協会設立の翌年、「杉並・老後を良くする会」は「友愛の灯協会」として、有償ヘルパー事業である友愛ヘルプ事業を開始した。小金井老後問題研究会はリハビリ相談を活動の軸としながら、一九八七年に「会員助け合いサービス」を立ち上げた。ユー・アイ協会が考案した「会員制・有償制のボランティアによる生活支援」の仕組みは、新たな問題解決の仕組みとして、各地の住民グループに受け入れられていったのである。

おわりに

本章では、一九七〇年代に登場した三つの住民グループの活動から、助け合い活動がどのように出発したかを確認した。住民グループはいずれも、地域の主婦たちが人脈を通じて参加者を集めたサークル的な色彩が強いものであり、その立ち上げは、リーダーたちの問題解決に向けて行動しようとする強い心情を発端としていた。

社会学の視点から小集団研究を進めてきた大沢真一郎は、敗戦から一九七〇年代にかけてサークル運動として特徴づけられる小集団活動の三つの大きなピークがみられるとし、この隆盛を「第一期　戦後の出発」（一九四五―五四年ごろ）、「第二期　開花の時代」（一九五五―六四年ごろ）、「第三期　新たな展開」（一九六五―七〇年代）と区分している。(51) このうち第二期とは、三井・三池闘争や安保闘争へと向かう政治運動のうねりを背景として、青年や女性たちが職場や地域でさまざまな生活学習集団や芸術・文化集団を組織していった時期であり、住民グループの立ち上げメンバーが参加していた学習サークルもこの時期に出発している。また、小集団研究をジェンダーの視点から進めてきた天野正子は、この時期に「草の実会」で、「まともな主婦」であることと「行動」することとの葛藤が生じ、「動く人」「動けぬ人」「動かぬ人」の区分が生じていったという、メンバーの述懐を聞き取っている。(52) 同時期は、学生運動や労働運動、住民運動の高揚期にあたり、とりわけ住民運動で主婦層の活動が突出した時期でもある。(53) 第三期にあたる七〇年代初頭に学習サークルに所属した主婦たちにとって、「動く」

こと、「動ける」ことが、大きな課題になっていたと考えられる。

住民グループの立ち上げは、ちょうどこの時期に位置している。そこでは老人問題が、高齢者だけでなく女性を含む「みんなの問題」として取り上げられ、問題の解決のための方策が検討された。そして、伝統的な要求行動とは異なる方策として助け合い活動が考案されてきた。

ただしそこには、次のような政策的環境も大きく作用したと考えられる。

①地方行政の「市民参加」「住民参加」への流れ

②医療・福祉分野の「コミュニティ・ケア」推進への機運

③「ボランティア」への社会的認知と関心の高まり

助け合い活動はこれらの政策的環境にきわめて適合的な方向選択であった。資源論的な視点からみれば、このような活動はコミュニティ・ケアを担う自主的な住民参加とみなすことができるからである。しかしこうした解釈は、主体の意図を閑却した解釈といわなければならない。

前述の大沢は、サークル活動とは、「家や村、会社や学校などという秩序やそこでの役割からはみだした、自由で平等な横の人間関係をつくりだす」新しい質の「つきあい」だとし、筑豊を拠点とした文化運動の機関誌「サークル村」の中心的実践者である森崎和江の次の文を紹介している。

> 近所の十数人の主婦が月に一度顔をあわせる昼は、たあいもなく楽しい。まるで笑いたくて洞窟から駆けぬけてきたような表情がいっせいにそろう。(略)仲間の姿に笑いの涙をうかべる同性を見るのは、楽しく、また胸せまる。それは妻でも母でもない。凡庸な日常の割れ目に見る女たちの個別な美しさに、最近の私は打たれている。(54)

助け合い活動は、まさに「凡庸な日常の割れ目」から現れた活動だった。そこでボランティアは、「自由で平等な横の人間関係」としての「つきあい」の延長線上で取り組まれ、拡大していった。このことから、草創期の住民グループの課題とは、サービス提供への「参加」ではなく、直接的かつ持続的な連帯の構築だったと考えることができる。

注

(1) 助け合い活動とは、一般的には、制度外のホームヘルパーサービスと理解される。しかし、助け合い活動がおこなう生活支援の内容は「ホームヘルプサービス、食事サービス、移動サービス、外出支援、買い物支援、通いの場・交流の場（サロン、居場所、コミュニティカフェ等）、見守り・支援活動、安否確認」（前掲「新地域支援構想」）など多岐にわたっている。

(2)「住民参加型在宅福祉サービスにおける時間貯蓄・点数預託制のあり方について（概要）（資料）」、全国社会福祉協議会編「月刊福祉」第七十六巻第十三号、全国社会福祉協議会、一九九三年

(3) 全国社会福祉協議会住民主体による民間有料（非営利）在宅福祉サービスのあり方に関する研究委員会編『住民参加型在宅福祉サービスの展望と課題――住民主体による民間有料（非営利）在宅福祉サービスのあり方に関する研究委員会報告書』全国社会福祉協議会全国ボランティア活動振興センター、一九八七年

(4) 園本喜代子「神奈川県の有料ホームヘルプ活動の歴史」、ソーシャルワーク研究所編「ソーシャルワーク研究」第十一巻第四号、相川書房、一九八六年、二九七―三〇二ページ

(5) 神奈川県ホームヘルプ協会／栗木黛子編『市民ヘルパーの泣き笑い――高齢者が在宅で暮らし続けるために』近代出版、一九九七年、一二ページ

(6) 二瓶万代子『寝たきりにならないために――老後を考える』（OP叢書）、ミネルヴァ書房、一九八三年

(7) 杉並・老後を良くする会編『老いへの挑戦――わきだすボランティア運動』（OP叢書）、ミネルヴァ書房、一九八二年

（8）松原治郎／似田貝香門編著『住民運動の論理――運動の展開過程・課題と展望』学陽書房、一九七六年

（9）全国社会福祉協議会『居宅ねたきり老人実態調査報告書 昭和43年』全国社会福祉協議会、一九六八年

（10）以下を参照。John Creighton Campbell, *How Policies Change: The Japanese Government and the Aging Society*, Princeton University Press, 1992, p.139、西浦功「日本のホームヘルプ制度の波及に関する予備的研究――老人家庭奉仕員制度に注目して」、北翔大学編「人間福祉研究」第十四号、北翔大学、二〇一一年、八六ページ（https://hokusho.repo.nii.ac.jp/?action=repository_uri&item_id=303&file_id=22&file_no=1）［二〇一六年四月二十六日アクセス］

（11）有吉佐和子『恍惚の人』新潮社、一九七二年

（12）中央社会福祉審議会「老人問題に関する総合的諸施策について」社会保険実務研究所、一九七〇年（http://www.ipss.go.jp/publication/j/shiryou/no.13/data/shiryou/syakaifukushi/46.pdf）［二〇一三年八月二十五日アクセス］

（13）中央社会福祉審議会「コミュニティ形成と社会福祉（答申）」中央社会福祉審議会、一九七一年（http://www.ipss.go.jp/publication/j/shiryou/no.13/data/shiryou/syakaifukushi/62.pdf）［二〇一三年八月二十五日アクセス］

（14）この時期の給食サービスは、特別養護老人ホームなどに調理を委託し、ボランティアが配達する方式である。友愛訪問は主に民生委員・児童委員、町内会、婦人会、老人クラブのほか日本赤十字奉仕団などを担い手としている。

（15）厚生省社会局長（社老第二十八号）「在宅老人福祉対策事業の実施及び推進について」「月刊福祉」増刊第七十二巻第十二号、全国社会福祉協議会、一九八九年、三二一ページ

（16）厚生省老人保健福祉局長（老発第五百五十号）「在宅老人福祉対策事業の実施及び推進について」厚生省、一九九八年（http://www.ipss.go.jp/publication/j/shiryou/no.13/data/shiryou/syakaifukushi/709.pdf）［二〇一三年八月二十五日アクセス］

（17）訪問サービスの事業内容は、虚弱老人と身体障害者の居宅に訪問して「入浴・給食及び洗濯サービス」を提供するというものだった。厚生省『厚生白書（昭和六十三年版）』厚生省、一九八八年（https://www.mhlw.go.jp/toukei_hakusho/hakusho/kousei/1988/dl/10.pdf）［二〇一三年八月二十五日アクセス］

（18）中央社会福祉審議会「当面の在宅老人福祉対策のあり方について（意見具申）」中央社会福祉審議会、一九八一年（http://www.ipss.go.jp/publication/j/shiryou/no.13/data/shiryou/syakaifukushi/178.pdf）［二〇一三年八月二十五日ア

クセス]
(19)『コミュニティ——生活の場における人間性の回復：国民生活審議会調査部会コミュニティ問題小委員会報告』経済企画庁国民生活課、一九六九年
(20) 自治省行政局「コミュニティ（近隣社会）に関する対策要綱」、地方自治制度研究会編「地方自治」第二百七十五号、ぎょうせい、一九七〇年、九二—九六ページ
(21) 岩崎久美子／中野洋恵編『私らしい生きかたを求めて——女性と生涯学習』玉川大学出版部、二〇〇二年、二一二ページ
(22) 文部科学省「昭和六十三年度 我が国の文教施策——生涯学習の新しい展開」文部科学省、一九八八年（http://www.mext.go.jp/b_menu/hakusho/html/hpad198801/hpad198801_2_028.html）［二〇一四年三月三日アクセス］
(23) 東京都民生局編『婦人ボランティア援助事業の企画について——昭和四十七年九月』東京都民生局婦人部婦人指導課、一九七二年
(24) 岡本栄一「住民参加としてのボランティア活動——その五十年代の課題」、全国社会福祉協議会編「月刊福祉」第六十巻第七号、全国社会福祉協議会、一九七七年、二六ページ
(25) 前掲『寝たきりにならないために』七四ページ
(26) 前掲『老いへの挑戦』九六—九八ページ
(27) 三浦相子「主婦ボランティアは切望する」、全国社会福祉協議会『在宅サービスに関する非営利団体情報連絡懇談会』所収、全国社会福祉協議会、一九八六年、七一ページ
(28) ユー・アイ協会以前に同様のシステムをボランティア労力銀行が発足させていたが、この取り組みは、個人間での労力の相互交換を趣旨としていて、ユー・アイ協会のシステムとは性格が異なる（ボランティア労力銀行／「ボランティア労力銀行の経緯」全国社会福祉協議会『在宅サービスに関する非営利団体情報連絡懇談会』全国社会福祉協議会、一九八六年、四五—五六ページ）。
(29) 前掲『寝たきりにならないために』一五一ページ
(30) 白川すみ子「市民グループによる在宅福祉活動」、河合克義編『これからの在宅福祉サービス——住民のためのあ

るべき姿を求めて 増補改訂版』所収、あけび書房、一九九一年、一三〇ページ
(31)前掲「主婦ボランティアは切望する」六八ページ
(32)「読売新聞」一九七九年十一月十六日付、十三面の記事は、「この会は、すでに活発に活動していた『小金井母親連絡会』が母体で、このなかで特に老後問題に関心のある人たちが集まって結成された」と伝えている。
(33)前掲『寝たきりにならないために』五六―五八ページ
(34)前掲『市民ヘルパーの泣き笑い』三ページ。なお、朝日新聞社によれば、「豊かな老後の為の国民運動同志会」は、厚生省(当時)と全国社会福祉協議会が一九七〇年に開催した「豊かな老後の為の国民会議」の参加者のうち、その内容に飽き足りなさを感じた人々が自然発生的に集まって発足した団体であり、その半数は主婦だったという(朝日新聞社編『高齢社会がやってくる』朝日新聞社、一九七二年、六三ページ)。
(35)前掲『老いへの挑戦』二―一九ページ
(36)三浦相子「有償ボランティア――ユー・アイ協会の軌跡とこれから」、磯村英一/坂田期雄編『高齢化社会と自治体・地域』(地方の時代、実践シリーズ)所収、ぎょうせい、一九八二年、三二一ページ
(37)前掲『老いへの挑戦』一八ページ
(38)前掲「市民グループによる在宅福祉活動」一三四ページ
(39)行政への請願運動の経緯は、小金井老後問題研究会については小金井老後問題研究会『老後を考える――二十年のあゆみの記録』(小金井老後問題研究会、一九九二年、一二二―一四一ページ)、杉並・老後を良くする会については白川すみ子「市民グループによる在宅福祉活動」(河合克義編著『これからの在宅福祉サービス――住民のためのあるべき姿を求めて』所収、あけび書房、一九九〇年、一二九―一四三ページ)を参照のこと。
(40)奉仕銀行として分類される組織の一つである。
(41)前掲『市民ヘルパーの泣き笑い』七―八ページ
(42)ただし、小金井老後問題研究会は、小金井市から受託したリハビリ相談を運動の軸とし、一九八〇年代に入ってからもたびたび、市の老人対策についての陳情書や要望書を提出している(前掲『老後を考える』一四二―一四九ページ)。また「杉並・老後を良くする会」も八三年から八八年にかけて給食サービスや市から受託したデイホームに関

わる行政交渉に取り組んでいる（前掲「市民グループによる在宅福祉活動」一四五―一五三ページ）。
(43) 安田陸男『「杉並・老後を良くする会」奮戦記――ドキュメント安心して老いられる町を創る人びと』あけび書房、一九九八年、一三五ページ
(44) 三浦相子「前進のために――ある試みを通して」、労働省婦人少年局編『婦人の10年と私たちの活動――団体・グループ・個人の活動事例集』（「婦人関係一般資料」第九十七巻）所収、労働省婦人少年局、一九八〇年、九ページ
(45) ボランティア労力銀行は水島照子が一九五〇年にその構想を発表し、七三年に大阪で発足させたボランティア・センターである。また「時間預託」とは、一時間の労力を一点として点数貯蓄し、必要なときに労力として引き出せるとしたシステムである。この取り組みは、全国各地に支部を設立することによる大規模なボランティア・ネットワークの構築を目指した（前掲『在宅サービスに関する非営利団体情報連絡懇談会』四五―五六ページ）。
(46) 前掲「神奈川県の有料ホームヘルプ活動の歴史」二九七ページ
(47) 前掲「有償ボランティア」三二四ページ
(48) 前掲「主婦ボランティアは切望する」七〇ページ
(49) ユー・アイ協会がそのままホームヘルプ協会へと移行する案は会員によって否決されている。前掲「神奈川県の有料ホームヘルプ活動の歴史」二九九ページ
(50) 前掲『市民ヘルパーの泣き笑い』二〇―二一ページ
(51) 大沢真一郎「サークルの戦後史」、思想の科学研究会編『共同研究　集団――サークルの戦後思想史』所収、平凡社、一九七六年、七二ページ
(52) 天野正子『「つきあい」の戦後史――サークル・ネットワークの拓く地平』吉川弘文館、二〇〇五年、一二八―一三〇ページ
(53) 日本経済調査協議会編『住民運動と消費者運動――その現代における意義と問題点』日本経済調査協議会、一九七五年
(54) 前掲「サークルの戦後史」六八ページ

第2章　助け合い活動の広がり——一九八〇年代

はじめに

一九八〇年代には、会員制・有償制のボランティアによる生活支援が新たな住民グループに取り入れられ、「有償ボランティア」という概念とともに各地に広がっていった。並行して、政策的に有料ホームヘルプのシステム構築を図り、このシステムに有償ボランティアが組み込まれていった。そして八〇年代の終盤には、これらを非営利の在宅サービスとしてまとめて、住民参加型在宅福祉サービスとして概念化し、在宅福祉供給システムの一画に位置づけていく動きが活発になった。このことにともない、有償ボランティアを住民同士の助け合いだとする認識が共有されていった。本章では、こうした助け合い活動の拡大の過程とその背景を示す。

1　有償ボランティアの簇生

一九八〇年代に入ると、会員制・有償制のボランティアによる生活支援をおこなう住民グループが、大阪や東京などの都市部とその周辺に次々に誕生していった。八一年には練馬区の「くらしのお手伝い協会」が発足し、翌八二年には、大阪家族福祉協会、尼崎北地域活動グループほほえみ、神戸ライフ・ケアー協会、香川県老人福祉問題研究会などが発足した。また、八三年の灘神戸生活協同組合による「くらしの助け合いの会」開設を皮切りに、各地の生活協同組合（以下、生協と略記）で同種の組織の開設が続いた。八四年には、横浜市が横浜市ホームヘルプ協会を設立する過程で、ユー・アイ協会が設立したホームヘルプ協会をこの組織へと糾合したため、残ったメンバーが神奈川県ホームヘルプ協会を新たに発足させた。(1) 同時期には、生活クラブ生協系のワーカーズ・コレクティブによる取り組みも始まった。地域婦人団体連絡協議会(2)が労働省の助成を受けて、全国の十六自治体で一斉に組織したファミリーサービスクラブの開設が各地で進んだのも八〇年代前半である。

これらの団体は、「有償ボランティア」と名乗り、その活動が、営利活動や雇用労働ではなく、ボランティア精神に基づくものだという社会的認知を求めた。(3) 有償部分は、ユー・アイ協会のような現金決済の場合もあれば、ボランティア労力銀行のように時間貯蓄制をとる場合もあった。いずれにしても、最低賃金以下での短時間、不定期の労力提供であり、雇用契約もなく、活動者の自己認識は「ボランティア」だった。

並行して、各地で半官半民の有料ホームヘルプシステムが登場した。一九八〇年代までのホームヘルプの担い手は、公的機関によって派遣される家庭奉仕員が主だった。しかし、在宅サービスの拡充が喫緊の課題とされていくなかで、ホームヘルプの抜本的再編が政策課題となり、八二年に「老人家庭奉仕員派遣事業運営要綱」が改正され、家庭奉仕員派遣にパート制と有料制が導入された。また、横浜市ホームヘルプ協会や武蔵野市福祉公社を嚆矢とする第三セクター方式のサービス供給組織の設立も急速に進んだ。特に、八三年の市区町村社協の法制化と八五年の「福祉ボランティアの町づくり事業」(4)（通称、ボラントピア事業）開始以降、多くの市区町村社協が行政事業の委託先となり、有料ホームヘルプシステムの裾野が広がった。そして、その生活支援サービス部分には、地域の主婦たちの有償ボランティアが組み込まれていった。

こうした状況のなかで一九八六年、全社協は有償ボランティアを擁する福祉公社や市区町村社協、住民グループを招集して、「在宅サービスに関する非営利団体情報連絡懇談会」を開催した。この会議は、有償ボランティアを非営利の在宅サービスとして整理したうえで、これを地域福祉活動として位置づけ、その振興の中軸を全社協が担うことを示した。またそこでは、参加団体による人員の確保や専門職との連携、行政・社協の役割、組織体制、活動管理などについての意見交換がなされた。(5)

翌一九八七年、全社協は『住民参加型在宅福祉サービスの展望と課題』（以下、『展望と課題』と略記）を通じて「住民の助け合い、相互連帯を基調とした、ホームヘルプ・サービスの分野における非営利の民間有料在宅福祉サービス組織」が台頭していると報告した。そしてこうした組織を、「関心をもつ市民の手によって、自発的な活動として出発し、ボランティア性を強調し、運動体としての側面が強調され、しかも制度化を必ずしも志向しない組織形態」「自治体が設立に関与し、独自の組織形態として、公社、事業団等の第三セクター方式」「社協組織の地域組織化機能の延長上に、在宅福祉サービスを、住民参加方式を基調に事業化」「消費生活協同組合や農業協同組合などが、その本来の事業の延長上で在宅福祉サービスに取り組む例」の四つに分類した。そのうえでこの四つを一括して「住民参加型在宅福祉サービス」（以下、住参サービスと略記）として概念化し、「社会福祉供給システムのなかに正当な位置づけを行う」ことが必要だとした。(6)

『展望と課題』が示した四類型はその後、「住民互助型」「行政関与型」「社協運営型」「生協型」「ワーカーズ・コレクティブ型」などとして整理された。(7) このうち「行政関与型」「社協運営型」は行政系団体であり、「住民互助型」「生協型」「ワーカーズ・コレクティブ型」は住民グループ系団体である。住民グループ系団体の代表は

「住民互助型」であり、その数は、一九八七年には四十一団体、九〇年には九十一団体と報告された。[8] ただしこの時期の最大勢力は「社協運営型」であり、全体でも行政系団体が住民グループ系団体を上回っていた。

2　福祉改革勢力の後押し——政策的環境

では、助け合い活動の広がりの背景にはどのような政策展開がみられたのか。

一九八〇年代は、九〇年の福祉関係八法改正へと向かう福祉改革の十年間であり、臨調行革による措置費の国庫負担や補助金の削減と、従来の社会福祉勢力によるこの動きへの抵抗、そして福祉改革勢力の動きを通して、「家事」「世話」の領域とされてきた高齢者ケアが政策論議の焦点になっていく。[9] こうしたせめぎあいのもとで政府は福祉改革を進め、行政負担を抑制しながら、家族を補完しうるケアサービスの広範な創出を図っていった。

古川孝順は、一九八〇年代には、臨調行革に主導された外在的な圧力だけでなく、これを自己改革の好機ととらえ、長年の懸案を一挙に解決して福祉のあり方を転換させようとした社会福祉界の内発的圧力も、福祉改革の大きな推進力になったと指摘している。[10] 当時の社会福祉界の認識を示すものの一つが、必要充足の視点から地域福祉の推進を図ることを特徴とする、いわゆる「資源論的アプローチ」の政策潮流（序章第1節「住民による生活支援をめぐる議論の歴史」を参照）であった。

この潮流は、一九七九年に全社協が出版した『在宅福祉サービスの戦略』と、横浜市が横浜市ホームヘルプ協会を設立する際に策定した『横浜市福祉サービス供給組織研究委員会報告』という二つの政策文書を通して、有料ホームヘルプを効率的に供給するためのシステムデザインを示した。『在宅福祉サービスの戦略』は、在宅福祉サービスを、個人や家族では充足することができないニーズに対応する専門援助サービスと、家族機能の補完・代替として機能する日常生活援助サービスとに切り分け、前者を医療や福祉の専門領域、後者を介護人、民生委員、ボランティアなどの非専門領域としたうえで、両者を統合的に提供するシステムを提案した。[11] 一方『横浜市福祉サービス供給組織研究委員会報告』は、福祉サービス供給は公共的福祉供給システムと非公共的福祉供給システムに分けることができるとし、さらに後者を「市場型供給組織」と「参加型（自発型）供給組織」に分別したうえで、これらを組み合わせたシステムの構築が必要だと提案した。[12]

こうしたシステムデザインは「公私役割分担」と説明され、戦後の社会福祉で順守されてきた「公私分離の原則」に替わる新たな公私関係のかたちとして受け入れられ、行政施策に取り入れられていった。

その具体的な展開は、「第三セクター方式」「社協委託方式」「連携方式」に整理することができる。一つめの第三セクター方式とはのちに行政関与型に分類されるものであり、野口定久によれば、①自治体業務の委託事業化、②主として在宅福祉サービス、③有料サービス、④サービスの担い手は有償ボランティアか主婦のパート労働、⑤住民の一般申し込み制、会員制、を特徴とする公私混合組織体だという。[13] 市の独自事業を通じて豊富なボランティア資源[14]を確保していた武蔵野市が一九八一年に設立した武蔵野市福祉公社や、ホームヘルプ協会を資源として八四年に設立された横浜市ホームヘルプ協会、さらに調布ホームヘルプ協会[15]を資源として八六年に設立された調布ゆうあい福祉公社、八七年に設立された世田谷ふれあい公社、などはその嚆矢である。またこれらの組織の立ち上げには、三浦文夫を筆頭に、「資源論的アプローチ」の担い手と目される理論家たちの精力的な関与がみられた。[16]

二つめの社協委託方式とは、行政事業委託の従来パターンを踏襲した方法であり、第三セクター方式とは代替関係にある。[17] 前述したように、国は一九八五年からボラントピア事業を開始し、全国の市区町村社協にボランティア・センターの整備を促した。市区町村社協はそれまでも、入浴サービスや食事サービス、家庭奉仕員派遣事業の受託を進めてきたが、この事業を一つの契機として、住民参加型ホームヘルプ・サービスの受託を大胆に進めた。その最も早い例は、龍野市社協や松山市社協である。全社協が九一年に発行した『住民参加型在宅福祉サービス調査報告書 平成二年度』（『平成二年度住参調査報告』、以下、各年度住参調査報告とする）によると、社協運営型は、八七年には二十八団体だったが、九一年には百八団体と急増している[18]。

三つめの連携方式とは、行政関連機関が住民グループを支援してサービス供給能力の引き上げを図ったものを指す。代表例としては、神戸ライフ・ケアー協会と香川県老人問題研究会をあげることができる。神戸ライフ・ケアー協会の発起人である土肥隆一によれば、同団体は、東灘福祉事務所長の発案によって、クリスチャン・ユースセンター館長だった土肥を中心に、社会福祉協議会、民生委員協議会、連合婦人会、老人クラブ連合会、医師会の代表者と学識経験者を運営委員として立ち上げたものだという。発足にあたっては、神戸市民生局や、神戸市が開設した「こうべ市民福祉振興協会」の援助を受け、活動開始後も、毎年四百七十万円の助成によって運営費をまかなったという[19]。またこの金額は、当時の同協会の活動者が事務費として拠出する金額を上回っていたとのことである。

片や、香川県老人問題研究会の発起人である兼間道子によれば、同団体は、高松市社協のホームヘルパーだった兼間と数人の賛同者が中心になって立ち上げたものであり、その発足にあたっては、香川共同募金会、香川県社協、高松市社協から助成を得たという[20]。当初は無償のボランティア活動を展開したが、一九八五年には、地元の社会福祉法人の協力を得て日本生命財団から三年間で一千万円という助成を受け、これを原資として「まごころサービス・ケアシステム」という事業を開始している。同事業の育成委員会には、香川県民生児童委員連合会会長、香川県看護協会会長、香川県民生部老人福祉課長らが名を連ねている。

以上の三つの方式は、従来、行政と社会福祉法人のあいだで成立してきた公私役割分担を拡大するものであり、福祉供給の多元化の第一歩だったといえる。とりわけ連携方式では、分担の対象が純然たる民間団体だったことが興味深い。

ただし、一九八九年、厚生省が設置した福祉関係三審議会合同企画分科会が「今後の社会福祉のあり方について（意見具申）[21]」でシルバーサービスを中心とする民間福祉サービス事業の振興を打ち出し、あわせて「行政非関与の非営利民間団体により提供される福祉サービスは事業の継続性、安定性に欠けるきらいがある」ために

「協同募金の配分金等の民間資金を有効に活用」するなどの援助の必要があるという見解を示した。[22] 連携方式は、民間営利の福祉サービス振興に向けた先駆け的な取り組みでもあったが、その安定性の確保は、この時期から政策課題とされたのである。

3 「助け合い」が地域を変える――共有意識の形成

一方、一九八〇年代の助け合い活動の普及の過程では、この活動の出発点となった社会変革指向が広く継承され、「地域の変革」というビジョンも共有されていく。

神戸ライフ・ケアー協会の土肥は、団体立ち上げに際して、在宅福祉のシステムを形成するために「市民運動的、コミュニティー再生的目標」を設定してその活動をボランティア運動とするという方針を立てたとし、「はたして行政はできるのかなと思いますね。（略）むしろボランティア運動でやったほうが、いい社会ができるのではないかなと思ったりします」[23] と述べている。この土肥の主張は、地域変革への指向が有償ボランティアの担い手の意欲の源泉になりうることを示唆している。またケアセンターやわらぎは、「二十四時間在宅ケア」や重度者の介護にいち早く取り組み始め、住参サービス団体のなかでも、サービス提供の量と質でトップクラスと評価された団体だが、[24] 団体の発起人である石川治江は「私たちのまちは私たちが暮らしやすく、安心して死んでいける場所でなければならない。そのための活動なのだ」[25] と主張している。助け合い活動普及の、民間側の牽引力だったこれらの人々が抱いていた地域への変革的な問題意識は、多くの住民グループ系団体に共通して見いだせるものである。

ただし、当時のアカデミックな議論では、有償ボランティアを「互酬」への関心、もしくは相互扶助的意識による活動とする解釈が優勢だった。たとえば江上渉は住参サービスを「相互扶助的生活問題処理」と位置づけ、一九九〇年に実施された調布市在宅福祉事業団協力会員百二十七人の意識調査結果からそう結論づけている。[26] また藤村正之も住参サービスを「新しい互酬的配分」の仕組みと理解し、この視点から同調査を検討している。[27]

加えてこの時期には全社協が、住参サービスとは「地域住民の参加を基本として、住民（市民）自主組織や市区町村社会福祉協議会、生活協同組合、農業協同組合、福祉公社・事業団、社会福祉施設等の非営利団体が行う、営利を目的とせず、住民相互のたすけあいを目的として、有償・有料制（あるいは「時間貯蓄制度」「点数預託制度」）によって行う家事援助サービス（ホームヘルプサービス）を中心とした在宅福祉サービス（活動）[28]」だとする定義を示している。これらの議論は、会員制・有償制のボランティアによる生活支援の活動を住民同士の相互扶助とする見方の定着に大きく貢献したと考えられる。

しかし、全社協による一九九三年の「住民参加型在宅福祉サービス活動の担い手の意識調査」（以下、「一九九三年担い手意識調査」と略記）では、「住民参加型在宅福祉サービス団体の活動の意味をどう考えるか」という複数回答の設問で、「そう思う」という積極的な肯定を多く集めたのは「高齢化社会の問題の理解を深めるために社会へ働きかける活動である」（七三・八％）と「地域住民の助け合い活動である」（七〇％）であり、「将来、自分も助けてもらうために必要な活動である」（五四％）はこの数値に及ばなかった。またそれは「他者からの見返りを期待しない自発的な奉仕活動である」（五三・二％）とほぼ同値だった。[29] ここから、住参サービスの担い手たちにはこの活動が、「互酬」というよりも、新たな変革的活動として受け止められていたことがわかる。

さらに、前述した調布市在宅福祉事業団の調査でも「一九九三年担い手意識調査」でも、担い手の動機は「社会や他人のためになる活動がしたかった」「社会福祉活動に関心があった」「社会的な活動に参加してみたいと思った」「ボランティア活動に参加したかった」など、もっぱら「社会的関心」「社会的参加」であり、「時間貯蓄・点数預託制度を利用して将来にそなえるため」などの経済的動機はきわめて少なかったことが報告されている。[30]

こうしたことから、住参サービスの担い手たちの動機は、相互扶助や「互酬」、すなわちギブ・アンド・テイクそのものへの関心というよりも、社会的あるいは社会変革的な目的の活動に自分が参加していくことへの関心だったといえる。一九八〇年代の助け合い活動は、「助け合い」という言説[31]に、事業指向と社会変革指向という二つの指向を包み込んで普及していったと考えられる。

4 運動と事業の二重構造——組織のあり方

政策勢力が住民グループに目を向けたことには、一九八〇年代に発足した住民グループ系団体にみられる事業指向が大きく作用したとみることができる。

たとえば、練馬区の「くらしのお手伝い協会」は、その設立趣意書で「従来のボランティア活動又は、家政婦協会の活動のみでは、到底応じきれない助力需要が急速に広がりつつ」あるとし、この需要に応えるために「奉仕に従事する人達を新たに発掘」すると宣言している[32]。また、香川県老人福祉問題研究会の兼間は「このような運動は全国のいたるところで、多少の相違はあるものの、最近の在宅福祉サービスに大きく貢献している。ただ、非営利でボランティア性を重視するあまり、人材が定着しにくい側面がある。今後、公的機関など専門資源と、民間団体が手を組んで再編することが必要不可欠だ[33]」という見解を示している。これらの団体では、助け合い活動をボランティア派遣事業として整備するとともに、ボランティア労働力というべき人材を大量に確保することが不可欠だと認識していたことがうかがえる。

ただしこうした事業活動の多くは、一九七〇年代の住民グループにみられたような、変革目標に媒介された「自由で平等な横の人間関係」、すなわち、仲間的なつながりによって支えられていたことを見逃してはならない。たとえば、前章で紹介した「杉並・老後を良くする会」の場合、事業体である友愛の灯協会は、運動体である「杉並・老後を良くする会」を主な人材源として事業を開始している[34]。また世田谷区の「老人給食協力会ふきのとう」は、子どもの遊び場づくりの住民運動グループを母体として、八三年に一人暮らし高齢者を対象とする会食会を開始した団体だが、そうした活動を基盤として九二年にホームヘルプ事業を立ち上げている[35]。

一九八七年の『展望と課題』は、住参サービスとは「問題解決の行動と要求運動」を含んだ「開拓的、先駆的、実験的、そして批判的といったボランタリーな社会福祉活動」であり、「サービスの提供」に終わらず、「コミュニティ（地域）づくり」を指向する点に特徴があると指摘し、この「コミュニティ（地域）づくり」とは、「活動を通じて、面としての福祉環境や住民の相互扶助関係の醸成を志し、サービスを直接利用する住民以外の住民に対しても、なんらかの行動（態度変容）を促す[36]」こととされている。こうした指摘は、住民グループ系団体が運動組織としての側面を基礎として事業を展開するという、運動と事業の二重構造をもつことを念頭に置いたものといっていいだろう。

5　インフォーマルな就労——活動様式のあり方

有償ボランティアの活動内容は有料ホームヘルプと競合する性格をはらんでいて、両者の境目はきわめてあいまいなものだった。ホームヘルプの現場からは「ホームヘルパーの定義も混沌としたまま制度やシステムが次々と生まれ（略）自分の活動が公的福祉サービスなのか民間有料サービスなのか、また、労働（仕事）なのかボランティアなのか[37]」区別がつかないという声があがった。

そのようななかで、有償ボランティアを新たな女性労働の場ととらえてその拡大に取り組む団体も登場した。仙台市で一九八三年に発足した「あかねグループ[38]」は中高年女性の「仕事づくり」を目標として、食事サービス事業、ホームヘルプ事業を立ち上げた。同年、静岡市で発足した「静岡働く母の会」（一九九九年から「活き生きネットワーク」）も同様の目的から出発した団体である。生活クラブ生協を母体とするワーカーズ・コレクティブ[39]

は、そもそも女性の働く場の開拓を目指した共同事業体である。八五年に横浜市で発足した「グループたすけあい」は、設立趣意書で「お金では買えない価値をより多く含む、もう一つの経済を地域に作り出し、人本来の力を真に生かす『バーターシステム』を追求[40]」するとしている。

これらは、有償ボランティアを女性の働く場とし、そのことによって地域変革を実現するというビジョンを基礎として生み出された活動である。また、それまで家庭内での従属的なケア労働に携わってきた女性たちにとって有償ボランティアは、連帯の場であり、社会的な所属であり、ケア労働の価値に対する社会的承認を得る回路でもあっただろう[41]。しかし、このようなかたちで有償ボランティアのなかに「インフォーマル就労[42]」としての要素が拡大していくことは、この活動が、賃金をともなうヘルパー労働に近づいていく要因になっていった。

そのため有償ボランティアのインフォーマル就労化は、福祉関係者による大きな批判を招いた。一九八六年には東京都社会福祉審議会答申が、有償ボランティアは「純粋に無償の助け合い活動の延長線上に発展してきたボランティア活動の精神的基盤を危うくし、（略）最低賃金制度を曖昧なものとし、一般のパートタイムの雇用市場を混乱させるおそれがあるので好ましくない[43]」という批判的見解を示した。全社協による「住民参加型在宅福祉サービス」という概念の創出は、有償ボランティアの機能は保持しながら、こうした問題点の解消を目指したものである。

おわりに

本章では、会員制・有償制のボランティアによる生活支援の仕組みがさまざまな住民グループ系団体と行政系団体へと広がり、全社協の主導によって住参サービスとして統合されるにいたる過程を検討した。

まず確認できることは、助け合い活動の広がりには、福祉改革を推し進めようとする政策勢力の理論的かつ実践的な後押しが深く関わっていたということである。またこの後押しには、全社協が媒介的役割を果たしていた。

一方、住民グループ系団体では、助け合い活動が有償ボランティアという概念とともに普及し、仲間的なつながりに支えられた運動体を基礎としながら、ボランティア派遣事業として整備されていった。長寿社会文化協会（後述）の創始者である田中尚輝は、運動と事業との二重構造を市民事業体の特質だとして、図4のような模式図を示している。[44]

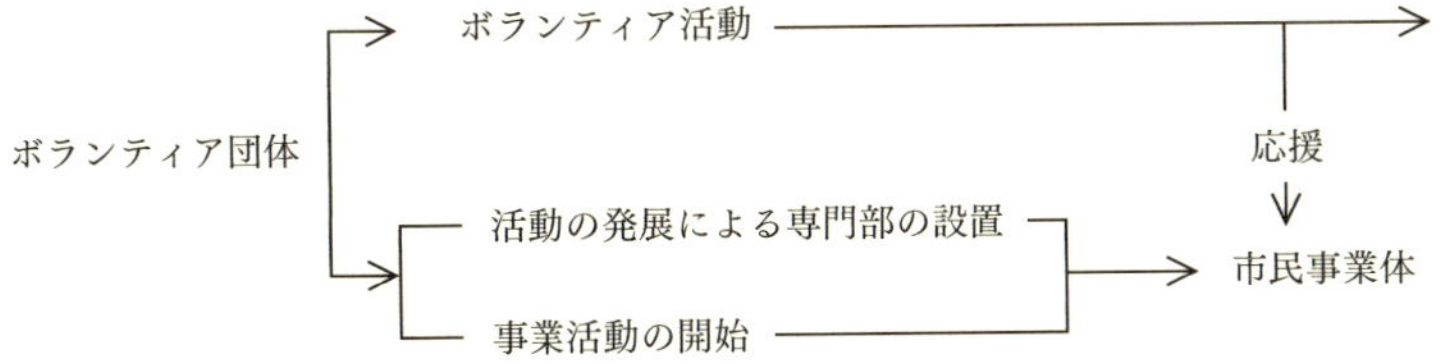

図4　市民事業体の模式図
（出典：田中尚輝『高齢化時代のボランティア』岩波書店、1994年、136ページ）

田中によれば市民事業体は、母体のボランティア団体と同様の社会理念を掲げて活動する「ボランティアの発展形態」だという。[45] つまり市民事業体は、運動を事業へと投入する構造によって成立する事業体だということである。こうした事業体創出の要因について田中は、一九八〇年代の住民グループが直面した、次のような機能的要請によるものとしている。

①単発の活動ではなく、長期にわたる継続した活動が求められる。
②対象となる人の増大が予測されることから、ボランティアを大量につくりだしていく責任が生じる。
③活動内容に専門性が要求され、研修や教育が必要になってくる。
④行政や医療機関との連携が必要になり、高度な調整能力が必要とされる。
⑤以上の集約として、事務局（事務所や専任職員）の設置が必要とされる。

実際、前述した一九八六年の懇談会では、人員の確保や専門職との連携という課題とともに、行政・社協の役割や補助・委託のあり方が議論されたと報告されている。そしてこの報告からは、八〇年代の住民グループ系団体の多くが、自らを支える運動以外に、事業に投入する資源の調達先をもたなかったことを読み取ることができる。この状況では、もし母体の団体が市民事業体だけに精力を傾けた場合、新たに投入しうる資源が枯渇することになる。住民グループ系団体のうち特に「住民互助型」と「ワーカーズ・コレクティブ型」では、サービス提供が肥大化すればするほど、運動と事業との二重構造が成立しえなくなるという潜在的な危機を抱えていたことは容易に推測できる。それは同時に、有償ボランティアを住参サービスとすることで、住民による生活支援の確保を狙った政策勢力にとっても、改善すべき状況だっただろう。

本章では、一九八〇年代の助け合い活動の担い手はもっぱら、経済的な動機よりも社会的あるいは社会変革的な動機から活動に参加したことをみてきた。また、住民グループ系団体では、運動体の仲間的つながりを基礎として事業体化が進められたことを指摘した。言い換えれば、住民グループ系団体で事業は、運動なくしては成立しえないものだった。このことから、続く九〇年代には、運動をどのように維持していくのかが、担い手にとっても政策勢力にとっても、大きな課題になっていったのである。そしてこの課題の遂行にとって「助け合い」という文言は、「住民参加」よりも強力な言説資源になったとみることができる。

注

(1) ホームヘルプ協会の会員の「ほとんど」を占めていた横浜市在住のメンバーは横浜市ホームヘルプ協会のヘルパーとなり、残りのメンバーで、横浜地区以外の地域での利用希望に対処したという(前掲『市民ヘルパーの泣き笑い』二五―二七ページ)。

(2) 地域の婦人会の連絡組織である。

(3) 労働政策研究・研修機構の報告によれば、有償ボランティアとは、①労働の対価性、②使用従属関係という二つの点を判断基準として、賃労働とは区別され、特に②の点で「労働者」性が否定される働き方だという(労働政策研究・研修機構研究調整部研究調整課編『就業形態の多様化と社会労働政策――個人業務委託とNPO就業を中心として』〔「労働政策研究報告書」第十二巻〕、労働政策研究・研修機構、二〇〇四年、一九三ページ)。

(4) 厚生省社会局長(社庶第六十八号通知)「福祉ボランティアの町づくり事業実施要綱」、厚生省「第一編第四章 新しい民間サービスへの期待」、厚生省『厚生白書（昭和六十二年版）』所収、厚生省、一九八七年（https://www.mhlw.go.jp/toukei_hakusho/hakusho/kousei/1987/dl/05.pdf）［二〇一五年三月五日アクセス］

（5）全国社会福祉協議会『在宅サービスに関する非営利団体情報連絡懇談会 資料集――報告集』全国社会福祉協議会、一九八六年

（6）全国社会福祉協議会住民主体による民間有料（非営利）在宅福祉サービスのあり方に関する研究委員会編『住民参加型在宅福祉サービスの展望と課題――住民主体による民間有料（非営利）在宅福祉サービスのあり方に関する研究委員会報告書』全国社会福祉協議会全国ボランティア活動振興センター、一九八七年、六―七ページ

（7）一九八九年の報告書では「互助型」とされていたが、九〇年の報告書から「住民互助型」とされた。また「ワーカーズ・コレクティブ型」も九〇年から設けられた。

（8）全国社会福祉協議会『住民参加型在宅福祉サービス調査報告書 平成二年度』全国社会福祉協議会、一九九一年

（9）渋谷光美「1980年代のホームヘルプ制度の変容に関する一考察」、小林宗之／谷村ひとみ編『戦後日本の老いを問い返す』（「生存学研究センター報告」第十九巻）所収、立命館大学生存学研究センター、二〇一三年、三五―五三ページ

（10）古川孝順「福祉改革――その歴史的位置と性格」、古川孝順編『社会福祉供給システムのパラダイム転換』所収、誠信書房、一九九二年、一五―一六ページ。古川がいう「内発的な圧力」について安立清史は、①社会福祉の普遍化・一般化、②在宅福祉の推進、③福祉供給システムの再編、④新しい公共の立場にたつ社会福祉、⑤総合化の促進、を改革目標としていたとし、これらはおおむね、三浦文夫と岡村重夫の理論から導き出されてきた改革論であり、一九七〇年代から準備されてきた方向が本格的に展開されてきたものだと論じている（前掲『市民福祉の社会学』五三―五六ページ）。

（11）この分類で「ホームヘルパー」は、どちらにも配置可能な職種とされた。前掲『在宅福祉サービスの戦略』五八―七〇ページ

（12）横浜市福祉サービス供給組織研究委員会『横浜市福祉サービス供給組織研究委員会報告（第一分冊）――横浜市在宅福祉サービス協会（仮称）最終基本構想』横浜市民政局、一九八四年。三浦文夫は、「ニード充足を誰が担当する

か（遂行上の役割＝performance）ということと、ニード充足に必要な資源の調達を誰が行うか（資源調達の責任＝responsibility）ということ」とは区別されるべきであり（三浦文夫「社会福祉政策の構成と運営」、三浦文夫／三友雅夫編『社会福祉の政策』〔「講座社会福祉」第三巻〕所収、有斐閣、一九八二年、四六ページ）、サービス供給にあたっては、そのニーズに応じた公私の機能（役割）分担を原則とするべきだと主張した（三浦文夫「福祉資源の調達・配分」『増補 社会福祉政策研究――社会福祉経営論ノート』所収、全国社会福祉協議会、一九八七年、九五ページ）。

(13) 野口定久「「福祉公社」型在宅福祉サービス」、前掲『これからの在宅福祉サービス』所収、五七ページ

(14) 同市の「愛のスープ」事業を担った武蔵野赤十字奉仕団やシルバー奉仕員制度などが「協力員」の母体になっている（山本茂夫『新しい老後の創造――武蔵野市福祉公社の挑戦』〔OP叢書〕、ミネルヴァ書房、一九八二年）。

(15) ホームヘルプ協会と同様、地元の主婦の勉強会が生み出したボランタリーな性格の組織だという（松原日出子『在宅福祉政策と住民参加型サービス団体――横浜市ホームヘルプ協会と調布ゆうあい福祉公社の設立過程』御茶の水書房、二〇一一年）。

(16) 横浜市ホームヘルプ協会の設立過程に三浦文夫と京極高宣が参画していたことは松原日出子が報告している（松原日出子「横浜市ホームヘルプ協会の設立過程――「五つの報告書」を中心に」、松山大学総合研究所編「松山大学論集」第十八巻第五号、松山大学総合研究所、二〇〇六年、一八六ページ）。また三浦は世田谷ふれあい公社設立にも参画している（前掲『多様化するホームヘルプサービス』四四ページ）。

(17) 福祉公社設立と社協委託とのどちらを選択するかは、資源状況や効率性によって判断されたようである（坂巻熙「住民参加型有償在宅福祉サービス具体化のプロセス――東京・墨田区の場合」、淑徳大学研究公開委員会編「淑徳大学研究紀要」第二十七号、淑徳大学、一九九三年、七一―八二ページ）。

(18) 一九八七年の団体数は前掲『住民参加型在宅福祉サービスの展望と課題』四八―五一ページ、九一年の団体数については前掲『住民参加型在宅福祉サービス調査報告書平成二年度』一九ページ。

(19) 土肥隆一「神戸ライフ・ケア協会の設立から今日までの経過」、神戸都市問題研究所編『高齢者福祉の理論と実践』（「都市政策論集」）所収、勁草書房、一九八六年、一四一―一五〇ページ

(20) 兼間道子『まごころサービス届けます――民間団体による地域ケアの実践』(OP叢書)、ミネルヴァ書房、一九八七年

(21) 中央社会福祉審議会、中央児童福祉審議会、身体障害者福祉審議会がそれぞれに設けた企画分科会・企画部会が合同で出した意見書の一つである。

(22) 福祉関係三審議会合同企画分科会「今後の社会福祉のあり方について(意見具申)――健やかな長寿・福祉社会を実現するための提言」一九八九年(http://www.ipss.go.jp/publication/j/shiryou/no.13/data/shiryou/syakaifukushi/376.pdf)[二〇一五年三月五日アクセス]

(23) 新谷弘子/土肥隆一/小林良二「ボランティア活動の新局面――有償化問題を考える」、全国社会福祉協議会編「月刊福祉」第七十巻第三号、全国社会福祉協議会、一九八七年、一二―三九ページ

(24) 森本佳樹「住民参加型在宅福祉サービス供給組織の到達点と課題(その2)――ケアセンターやわらぎの事例を通して」、熊本学園大学社会関係学会編「社会関係研究」第一巻第二号、熊本学園大学社会関係学会、一九九五年、一一七―一五〇ページ

(25) 藤井敏和/石川治江/滝美和子「住民参加型在宅福祉サービス団体の活動」、全国社会福祉協議会編「月刊福祉」第七十六巻第十三号、全国社会福祉協議会、一九九三年、四四ページ

(26) 江上涉「住民参加型在宅福祉とコミュニティ――相互扶助的生活問題処理と意識構造」、東京都立大学人文学部編「人文学報」第七号、東京都立大学人文学部、一九九〇年、一一一―一三二ページ

(27) 前掲「互酬的関係性の形成とその内実」

(28) 前掲『住民参加型在宅福祉サービス調査報告書 平成二年度』

(29) 全国社会福祉協議会「住民参加型在宅福祉サービス活動の担い手の意識調査報告」『住民参加型在宅福祉サービス調査報告書 平成四年度』全国社会福祉協議会、一九九三年、七八―七九ページ

(30) 前掲「住民参加型在宅福祉サービスへの参加意識」三―一三ページ

(31) 「支え合い」という言葉の使用もみられる。

(32) 前掲『在宅サービスに関する非営利団体情報連絡懇談会報告集』一〇一―一〇二ページに収録されている。

(33) 前掲『まごころサービス届けます』二三九ページ
(34) 前掲『老いへの挑戦』一一七—一二二ページ
(35) 老人給食協力会〈ふきのとう〉編『老人と生きる食事づくり』晶文社、一九八九年、三六—三八ページ
(36) 前掲『住民参加型在宅福祉サービスの展望と課題』一三—一四ページ
(37) 東京ホームヘルプ活動者連絡会編『東京のホームヘルパーたち』筒井書房、一九九二年。東京都ホームヘルプ活動者連絡会は東京都家庭奉仕員等派遣事業の採用時研修をきっかけに発足した、ホームヘルパーの職域的連帯を図る団体である。
(38) あかねグループは、灘神戸生協を介護辞職して仙台に移住した発起人を中心に、中高年女性の社会参加としての「仕事づくり」のために結成された団体であり、最初に取り組んだのはクッキング・サロンの開設だったという（あかねグループ『素顔の主演女優たち——あかねグループ12年』あかねグループ、一九九四年）。
(39) ワーカーズ・コレクティブについて佐藤慶幸は、「組合員同士が出資し合い、全員が、労働、運営、経営に参加する「労働者協同組合」」と定義している（佐藤慶幸「ワーカーズ・コレクティブの社会的意味」、社会／経済システム学会編「社会・経済システム」第十五号、社会／経済システム学会、一九九六年、二七—三二ページ）。
(40) グループたすけあい編『横浜発地域福祉のメッセージ』第一書林、一九九五年、一九〇ページ
(41) 社会学で「承認」という概念は、個人が社会の成員として認められ、尊重されることとして用いられている。アクセル・ホネットによれば、「承認」には「愛」「法的平等」「業績」という三つの原理があり、それぞれには「承認」付与のための秩序がある。近代資本主義社会では「業績」原理がきわめて有力であり、労働とその成果に対する「ライフチャンスと財の分配」によって表されるという。アクセル・ホネット『承認をめぐる闘争——社会的コンフリクトの道徳的文法』山本啓／直江清隆訳（叢書・ウニベルシタス）、法政大学出版局、二〇〇三年、一二四—一七五ページ
(42) 法が適用されていない、あるいは適用が不十分な「インフォーマル経済」のもとでの労働を指す。インフォーマル経済については以下を参照。International Labour Conference (ILO), *Resolution Concerning Decent Work and the Informal Economy— Resolution*, 90th Session of the International Labour Conference, 2002. (http://www.ilo.org/

wcmsp5/groups/public/—ed_norm/—relconf/—reloff/documents/meetingdocument/wcms_080105.pdf)［二〇一六年三月十二日アクセス］

（43）東京都社会福祉審議会編「東京都におけるこれからの社会福祉の総合的な展開について（答申）」東京都社会福祉協議会、一九八六年、二〇四ページ

（44）田中尚輝『高齢化時代のボランティア』岩波書店、一九九四年、一三六ページ

（45）同書一三一―一四〇ページ

第3章　助け合い活動の構造転換——一九九〇年代

はじめに

全社協は一九九〇年、全国の住参サービス団体からなる住民参加型在宅福祉サービス団体全国連絡会（以下、住参全国連絡会と略記）を発足させた。ただし九〇年代初頭には、住参サービスの団体数の伸びはいまだゆるやかであった。[1]

しかし、一九九四年ごろからは住民グループ系団体の数が急激に増加する。全社協の二〇一七年の報告によれば、なかでも住民互助型が、一九九〇年には九十一団体だったものが九九年には八百五十四団体に達して社協運営型の二倍を超え、住参サービスの最大勢力になる。[2]また生協型、ワーカーズ・コレクティブ型の団体数も同時期から増加し始め、住民グループ系団体が助け合い活動の主流をなしていく。本章ではこうした変化がどのような要因から起こってきたのかを検討する。

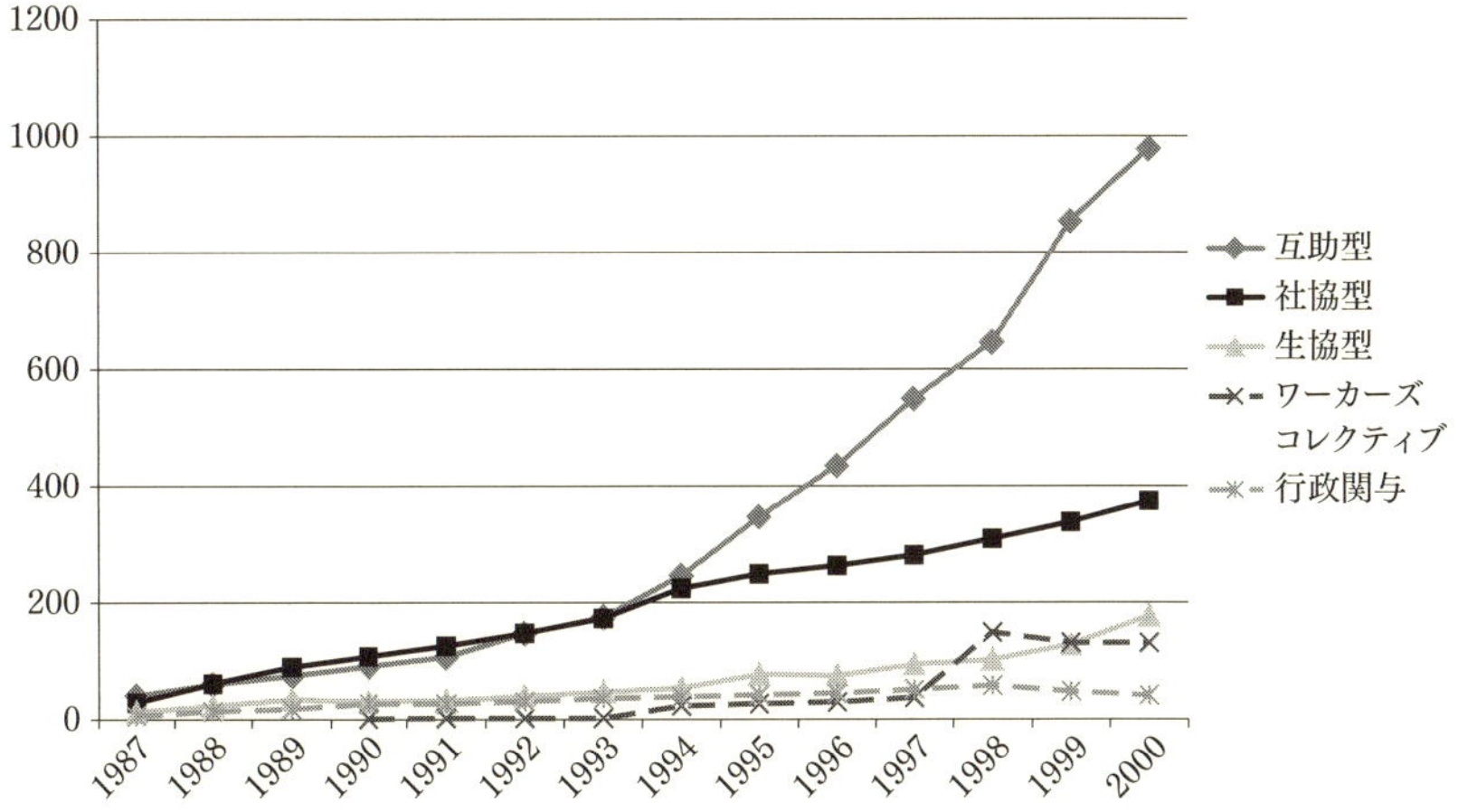

図5　住民参加型在宅福祉サービス団体の類型別団体数の推移（1987－2000年）
（出典：全国社会福祉協議会『住民参加型在宅福祉サービス団体の組織類型別の推移』（2017年3月現在）、全国社会福祉協議会地域福祉部、2017年〔https://www.sankagata.net/ 住民参加型在宅福祉サービスって何？〕［2018年4月18日アクセス］から筆者作成）

1　有償ボランティアから介護系NPOへ

一九八〇年代には、ボランティアが担うサービスとは、非専門の、誰にでも担いうるものだとする見方が、社会だけでなく、研究者のあいだでも主流だった。たとえば野口定久は、地域ボランティアの役割を「なによりニーズの早期発見、早期的対応」だとし、「専門職スタッフの対応以前に生活不安の悪化を防ぐところで多いに活動を期待されている(3)」としている。また中島充洋は、ボランティアに、「友愛活動、ふれあい活動、散歩のおとも、買い物の手伝い、留守番活動」など、「フォーマルなサービスで間に合わないニーズに対する緊急対応(4)」を期待するとしている。

しかし実態は、機関や職種ごとに業務範囲と機能が定められている専門職とは異なり、住民グループ系団体の多くは、利用者にとって必要なことはできるだけ取り組むことを基本姿勢としていたことが、リーダーたちの次のような発言からうかがえる。「ともかくできるかぎりのことをしましょうということです(5)」（神戸ライフ・ケアー協会）、「ニーズの取捨選択をしていくことではボランティア活動にならない」[6]（尼崎北地域活動グループほほえみ）、「行政制度の不備や不足を補充しているだけでは行政制度の改善は望めない。しかし、それでも困りはてている患者や家族を目の前にしては、手をさしのべないわけにはいかない」[7]（神奈川県ホームヘルプ協会）

こうした姿勢のもとで、住民互助型やワーカーズ・コレクティブ型は、当時の公的ホームヘルパー（一九九〇年に家庭奉仕員が名称変更）を超えるような対応力を身につけていく。そうした様子は、「時間帯でいうと、土日、夕方、早朝、長時間サービス等ですね。内容的には、重介護に代表される介護サービスが家事援助サービスを上回り、半数以上となっています」[8]（神戸ライフ・ケアー協会）、「市民組織には、行政がやらない時間帯つまり早朝、夜間や休祭日、そして難ケースがもっぱら回ってくる」[9]（神奈川県ホームヘルプ協会）、「高齢者だけを援助の対象とするつもりが、実際には乳幼児、障害児・者、難病患者など多様なニーズが押し寄せてきた」[10]などの記述からうかがえる。また、全社協の『平成六年～平成八年住参調査報告』では、住民互助型の七六・三％が土曜日の要望に「全て（ほとんど）対応した」[11]と回答し、五九・一％が日曜・祭日にも対応し、三五・六％は早朝・夜間・深夜にも対応したと回答している。[12]

その一方、このような奮闘にもかかわらず、先にあげた「一九九三年担い手意識調査」では、「住民参加型在宅福祉サービス活動に参加して困った点や問題点」として、五一・七％が「社会的な評価が低いこと」をあげ、四六・四％が「民間の有償・有料の在宅福祉サービス活動だけでは限界があると感じた」[13]をあげている。「活動の内容にくらべ報酬や点数評価が低いこと」をあげたのは一九・四％であることに比べると、前述のような回答は、社会的目標のために大きな負担を受忍しているにもかかわらず、社会的な認知や承認が得られていないことへの不満を示していると考えられる。

しかし、一九九〇年代の半ばを境としてこの状況が変化していく。全社協が九七年に発表した『住民参加型在宅福祉サービス団体の運営等のあり方に関する調査研究報告書』（以下、『一九九七年調査研究報告書』と略記）によれば、この時期の住参サービスでは、「社会的評価や認知度が高まり、それとともに、様々な社会的な助成や支援を受けて活動が展開できるようになった」「利用者の増加」「活動の広がりとサービス提供量の増加」[14]などがみられたという。

また一九九〇年代の後半は、介護保険法と特定非営利活動促進法（通称、ＮＰＯ法）の成立がすでに展望されていた時期であり、『一九九七年調査研究報告書』によれば、調査時点（一九九六年）で年間収入五百万円以上の団体の五二％がＮＰＯ法人化の方向にあったという。さらに、事業規模が小さくても、多種類の事業を実施している団体では、介護系ＮＰＯ化に積極的な傾向がみられるという指摘もされている。[15]社会的評価や認知度の高まりには、住民グループ系団体の実績評価とともに、ＮＰＯ化や介護保険参入を見据えた行政との関係の変化なども影響していたと思われる。

２　社会福祉基礎構造改革の始動――政策的環境

一九八〇年代の福祉改革は、九〇年代には、社会福祉基礎構造改革の取り組みへと引き継がれていく。古川孝順は、その基本的な方向は、「普遍化」「多元化」「分権化」「自由化」「計画化」「総合化」「専門職化」「自助化」「主体化」「地域化」が複合したものになると分析した。[16]つまり、社会福祉サービスの供給が一般的なものになって高度な運営管理体制が必要になると同時に、サービス供給の役割と責任がいくつもの主体に分掌されていくということである。

まず一九八九年末、「高齢者保健福祉推進十か年戦略」（ゴールドプラン）が発表され、同時に厚生省内の研究会が、今後の介護サービスは「どこでも、いつでも、的確で質の良いサービスを、安心して、気軽に受けることができる」[17]体制を目指すべきとする報告書を発表し、社会保険方式の導入に言及した。翌九〇年、「老人福祉法等の一部を改正する法律」（福祉関係八法改正）が成立し、在宅福祉サービスが法定化された。

一九九四年には、高齢社会福祉ビジョン懇談会「21世紀福祉ビジョン——少子・高齢社会に向けて」が発表された。同ビジョンは、今後の社会保障は「家族、地域組織、企業、国、地方公共団体等社会全体で支える自助、共助、公助のシステムが適切に組み合わされた重層的な福祉構造」を目指すべきだとし、「国民誰もが、身近に、必要な介護サービスがスムーズに手に入れられる[18]」ような新しいシステムの必要を提言した。これを受けて同年、高齢者介護・自立支援システム研究会が「新たな高齢者介護システムの構築を目指して[19]」のなかで介護保険制度の創設を打ち出し、九七年の法案成立にいたる取り組みが開始された。

こうした政策過程のなか、助け合い活動の制度環境の整備が進められていった。厚生省は一九九三年、「国民の社会福祉に関する活動への参加の促進を図るための措置に関する基本的な指針」(厚生省告示第百十七号)を告示し、「住民参加型グループの組織化、市町村及び社会福祉協議会の協力による各団体の連携、意識啓発による担い手の確保[20]」などが必要だとした。また同年には、中央社会福祉審議会地域福祉専門分科会が「ボランティア活動の中長期的な振興方策について(意見具申)」を発表し、ボランティア振興は「従来のようなペースでの、モデル事業中心の施策展開では間に合わないことは明らかである」「本格的な枠組みづくりが必要である[21]」とした。そして住参サービスの振興のために、①地域福祉基金などの活用、②活動の担い手とコーディネーターの研修、③広報啓発、④全国的ネットワークの構築、が必要だという具体的な支援策を示した。こうしたことから、地域行政による住参サービスへの支援策の実施が強力に促されていったことがわかる。

一方、その前年の一九九二年には、在宅高齢者等日常生活支援事業が開始されていた。九二年版の『厚生白書』はこの事業について、ホームヘルプなどの在宅サービスの補完として設けられ、事業内容は配食サービス、訪問入浴サービス、寝具乾燥消毒サービスだとしている[22]。特に、八〇年代から取り組みが進んできた配食サービスについては同年、生活援助型食事サービス(週五回以上の配食サービス)への国庫補助が予算化されたという[23]。給食サービスを、月数回の「ふれあい型食事サービス」の域を超えて恒常的に配食する「生活援助型食事サービス」とすることは、かねてから各地の住民グループ系団体によって行政に要望されてきたところだった[24]。この事業は、そうした声の広がりを基礎として設けられたものであり、市町村の配食数拡大や事業委託の拡大につながった。九四年の「高齢者保健福祉推進十か年戦略の見直しについて（新ゴールドプラン）」でも、「緊急通報システム」と合わせて「配食サービス」の推進に言及している。[25]

また同時期には、住民グループ系団体が先駆的に取り組んできた「ミニ・デイサービス」[26]や「宅老所」[27]への補助も、県や市の単独事業として実現している。このようにして、新たな委託事業を提案し、それが施策として採用されるという展開が各地でみられるようになった。

さらに、厚生省と自治省が一九九一年に創設した地域福祉基金[28]や各地の社協のボランティア基金などの福祉基金のほか、民間企業が設置した基金や寄付もこの時期に拡充されている。[29]特に、日本財団が九四年から開始した福祉車両の配備事業は、移送サービスの普及に大きな役割を果たした。

このような幅広い在宅サービスを一九九六年の「健康・福祉関連サービス産業統計調査の概況」（厚生省）は、「在宅福祉サービス」ととらえて調査集計していて、いわゆる「在宅三本柱（ホームヘルプ、ショートステイ、デイサービス）」普及の取り組みの背後で、これを補完するサービスの整備も進められてきたことがわかる。同報告書によれば、そうしたサービスの提供事業所は三千四百三十一カ所あり、「福祉用具の賃貸・販売サービス」四八・一％が最も多く、次いで「ホームヘルプサービス」一八・六％、「移送サービス」一〇・一％だったという。[30]

一九九八年には、在宅高齢者等日常生活支援事業に代わって高齢者在宅生活支援事業が創設された[31]（厚生省老人保健福祉局長、老発第五百五十号）。同年の全国厚生関係部局長会議資料によれば、事業再編の理由は、「地域の実情に即した事業の実施が図られるよう」選択方式を導入したということだった。[32]その事業目的として、「自立と生活の質の確保」「家族の身体的・精神的な負担の軽減」に加え、「在宅の老人の保健予防活動、生きがい活動」「健やかで活力ある地域づくり」が掲げられた。

ただし、同事業は翌一九九九年には在宅高齢者保健福祉推進支援事業へと切り替えられ、実施要綱（厚生省老

人保健福祉局長 老発第四百七十号）の事業目的に「生活支援サービス」の提供が明記された。[33] 同年発表の「今後五か年間の高齢者保健福祉施策の方向――ゴールドプラン21」は、「良質な介護サービス基盤の計画的な整備と健康・生きがいづくり、介護予防、生活支援対策の積極的な取組みを車の両輪として進めていく」とし、「住民相互の支え合い（共助）を基本に置いた、地域生活支援体制の構築」を掲げた。[34]

3 地域づくりの「市民活動」――共有意識の形成

このように一九九〇年代には、介護保険制度の準備と並行して、「住民相互の支え合い」への委託方式による生活支援サービス整備が試みられてきた。ただし、当時の住民グループ系団体のほとんどは任意団体のままであり、このことが行政事業受託への障壁になっていた。九八年のＮＰＯ法は、この障壁の解消に資するものであり、助け合い活動にとって画期的な法律であった。二〇〇二年に発表された三本松政之らによる『社会福祉非営利組織の組織原理と運営に関する実態調査』（以下、『二〇〇二年福祉ＮＰＯ実態調査』と略記）の報告をみると、福祉分野で活動するＮＰＯのうち四九・七％が、法人格取得の理由を「団体の活動が信用を得るため」と回答している。[35]

ＮＰＯ法制定の原動力になったのは、一九九五年の阪神・淡路大震災でのボランティアの大量集結を契機として高揚したＮＰＯ法制定運動であった。[36] この運動を主導したのは、「市民活動」の強化を狙う政策運動の勢力（以下、市民活動推進勢力と略記）であり、その中心は「市民活動の制度に関する連絡会」[37] だった。また、同連絡会を中心として、日本経済団体連合会（経団連）や日本労働組合総連合（連合）、日本新党や新党さきがけの議員などが横断的ネットワークを形成し、幅広い思惑の調整を進め、法案を成立させた。[38]

住民グループ系団体をＮＰＯ法制定運動へと媒介したのは、高齢者ケアの分野の市民活動推進勢力といえる二つの団体、すなわち長寿社会文化協会(39)（通称、WAC）とさわやか福祉財団（一九九五年までは「さわやか福祉推進センター」）であった。(40)

WACは、かつて社会党の活動家だった田中尚輝が、日本版の「AARP(41)」を目指して一九八八年に設立した団体である。また田中は、一九九九年にNPO事業サポートセンターを、二〇〇〇年には、介護系NPOの中間支援組織である市民福祉団体全国協議会（以下、市民協と略記）を立ち上げている。一方、さわやか福祉財団は、ロッキード事件の検事として高名だった堀田力が、「千二百万人、五千団体」のボランティアの創出による福祉社会の建設を目標として九一年に設立した団体である。また堀田は、介護保険制度の成立時には、世論形成のために「介護の社会化を進める一万人市民委員会」を結成し、樋口恵子とともに共同代表を担っている。

NPO法制定運動には多くの住民グループ系団体が参加した。そしてこの経験を通して、自らを「市民活動」だとする認識が広がっていった。「市民活動」という用語は、もともとは「市民公益活動」として考案されたものであり、それは、行政や企業だけでは実現しにくい活動を組織化して多元的な社会を実現する可能性をもち、新しい働き方を出現させ、地域社会の再構築や日本社会のゆるやかな変革を可能にする活動を意味していたとい う。(42)この用語を案出した山岡義典は、「この名称によってはじめて自分たちのしていることが社会的に位置づけられたという感触を、多くの活動をしている方たちがもたれたようです(43)」と述べている。このように「市民活動」は、住民グループ系団体が住民運動とボランティアとの両方に抱いてきた違和感を解消する用語として機能したといっていいだろう。

先に示した『二〇〇二年福祉NPO実態調査』によると、介護系NPOが、法人発足にあたって定款に書き込んだ「目的」のうち最も多かったのは「誰もが安心して暮らせる地域づくり」（五五・二%）であり、「在宅サービスを充実させること」（二一・七%）、「困難を抱える人やその家族に対する支援」（七・六%）を大きく引き離している。「定款作成重視点」でも、「地域に根差した活動を行うこと」が五九・三%を占め、「みんなで助け合って問題を解決すること」は五・五%しか選択されていない。(44)一九九〇年代前半の住民グループはいまだ有償ボランティアを名乗りながら、自らが何者なのかについての認識はきわめてあいまいだっただろう。しかし九〇年代後半には、自らの活動が「地域づくり」という変革的活動に取り組む「市民活動」である、という意識が共有されていたことを、この調査結果から読み取ることができるだろう。

4 専門職化と多角化――組織のあり方

前述したように、全社協の「一九九七年調査研究報告書」は住参サービスについて、「社会的評価や認知度が高まり、様々な社会的な助成や支援を受けて活動が展開できるようになった」「利用者の増加」「活動の広がりとサービス提供量の増加」[45]などの変化を報告している。こうした変化には、前節で述べたようなボランティアや市民活動への注目の高まりが関わっていたとみられる。そして同時期には、これと並行して、住民グループ系団体で次のような変化も現れていた。

第一に、サービス内容の専門職化である。「一九九七年調査研究報告書」によれば、住民グループ系団体のうち、年間収入五百万円以上では八〇%以上、それ以下の団体でも半数近くの団体が看護師免許保持者を擁していた。また前者では、八〇%以上にヘルパー二級保持者がいて、[46]四四%には介護福祉士免許保持者もいた。[47]さらに収入規模にかかわらず、約八〇%の団体ではサービス開始や内容の決定に「コーディネーター」が携わるとし、約五〇%はアセスメント・シートやケアプラン記入表を備え、六〇%以上がサービスマニュアルを使用し、四〇%以上がケース検討会を実施していた。[48]つまり一九九〇年代後半までに多くの団体が、身体介護と地域連携に対応できる専門的機能を整えていったのである。

第二に、事業の多角化である。「一九九七年調査研究報告書」は、この時期の住民グループ系団体の多くが、家事援助と介護のほか、食事サービス、移送・付き添いサービス、育児・保育サービスを手がけていて、年間収入が高いほど実施比率も高い傾向があると報告している[49]。また、宅老所や高齢者グループリビングなどの新しい事業や、有料老人ホームの開設に乗り出す団体が増加していくのもこの時期からといわれている[50]。

この二つの変化によって、一九九〇年代後半の住民グループ系団体では、サービス事業者としての事業運営体制の整備が進んだとみていいだろう。このことは、利用者の増加やサービス提供量の増加、助成の増大をもたらす要因になったと同時に、介護保険事業への参入に向けた準備につながっていったのである。

5 「経営」の独立――活動様式のあり方

本章の冒頭で述べたように、一九九〇年に住参全国連絡会が発足し、住参サービスでの全社協の主導的地位が確立した。これによって行政の住参サービスの認知が広がり、事業委託の環境が整うことになった。また全社協には、政策動向と住参サービスをつなぐ情報回路の役割も期待された。一方、新たに登場したＷＡＣとさわやか福祉財団は、団体の立ち上げ支援などの、より直接的な個別支援を通じて助け合い活動の裾野を拡大させ、住参全国連絡会とは別の全国ネットワークを形成していった。

ＷＡＣは、ホームヘルパー養成研修を各地で展開し、その修了生の団体立ち上げやヘルパー講座主催も支援することによって、助け合い活動の安定的な展開に資する標準的な事業運営メソッドを確立していった。片やさわやか福祉財団は、時間通貨である「ふれあい切符」の全国的な普及活動を展開するとともに[51]、「さわやかインストラクター研修[52]」を軸に助け合い活動の指導者層の育成に努めた。堀田は、その組織化の様子を次のように記している。

リーダー研修会はこれまでに、二十八回延べ七十二日間開催、そこで学んだ方々が設立された団体は、

（略）公社や社会福祉協議会系の団体も含めると全国に千ほどあり、地域の高齢者などの自宅での生活を支援している。[53]

さわやか福祉財団は、こうした研修活動と堀田の政治的影響力を通じて、一九九〇年代後半の住民グループ系団体に大きな影響力を行使していった。

両者のほかにも一九九〇年代には、神奈川ホームヘルプネットワーク[54]、千葉県たすけあい連絡会、地域福祉サポートちた[55]、太田在宅援助グループ協議会のような地域の団体間のネットワークや、ワーカーズ・コレクティブの地域連合が全国各地で立ち上げられた。これらの地域ネットワークは、研修や情報交換のほか、委託事業の提案などの際に行政交渉のインターフェイスとしても機能し、地域の中間支援の役割を果たした。

介護保険制度発足後の「平成十四年度住参調査報告」によると、「加入している団体間のネットワーク」の種類としては、「地元社協のボランティア連絡会」が三一・一％と最も多いが、「都道府県レベルの住民参加型団体」も三〇％が加入している。[56]また二四・九％は「所在市町村の住民参加型団体」に加入し、二一・六％が「全国レベルのネットワーク」に加入している。「参加していない」は一四・九％であり、ほとんどの団体がなんらかのネットワークに参加していたといえる。

地域福祉サポートちたに参加する「ゆいの会」の代表である松下典子は、「福祉団体の代表はほとんど女性たちばかりでしたから、市民活動がお金を介在して動くということに不慣れで、ＮＰＯという新しい価値観をどうやって築いていったらいいのか、みんなの不安がつながって」団体間のネットワークができたとインタビューで語っている。[57]

またその立ち上げの契機は、さわやか福祉財団のインストラクター研修会に参加したことによって、政策動向や同財団のネットワーク構想にふれたことだったという報告もある。[58]

一九八〇年代の有償ボランティアでは、それぞれの団体が、運動を資源として事業体を形成していった。しかし、九〇年代の助け合い活動の拡大過程では、住民グループ系団体でも、運動は必ずしも事業成立に不可欠な資源供給源とはいえなくなった。組織が必要としたのは、運動とは相対的に独立した「経営」だった。

おわりに

本章では、一九九〇年代の、市民活動推進勢力の合流による助け合い活動の拡大過程を示した。九〇年代の後半に、多くの住民グループ系団体はネットワークを通じて安定的な事業運営のメソッドを共有し、NPO法人化と介護保険参入に必要な条件を整えていった。またそれは、全社協、WAC、さわやか福祉財団という三つの中間支援と、NPO法による事業環境の法的整備に大きく後押しされたものだった。

ただし、二〇〇〇年代初頭の介護系NPOの組織規模は、いまだ有償ボランティアの延長線上にあったことには注意が必要である。労働政策研究・研修機構が〇四年に実施した二つの調査に基づく研究報告によれば、〇〇年時点の介護系NPOの平均的な年間収入は、一部の一億円以上の団体を除いて、千百九十三万円程度だったという[59]。これは常勤の正規職員の雇用が難しい数値である。また「平成十四年度住参調査報告」によれば、「事務所をもっている」とした住民互助型のうち、「独立した賃貸事務所」としたのは五一・二%であり、一五・一%は「メンバーの自宅」を事務所としている状況にあったという[60]。

こうしたことから、一九九〇年代末から二〇〇〇年代初頭にかけて、「ボランタリーな活動というのは、国家システムを越えるというよりは、むしろ国家システムにとって、コストも安上がりで実効性も高いまことに巧妙なひとつの動員のかたちでありうる[61]」「高齢者福祉サービスにおける市民事業化とは、時として、高齢者福祉サービスの事業化への市民動員を介して、いわば「ボランティア動員型市民社会」を達成することに接続する危うさを孕むものである[62]」などの批判が相次いだ。

もともとNPO法人制度は、サービス提供よりもむしろボランティア活動振興への期待によって後押しされた制度だったことを忘れてはならない。たとえば、全社協が一九九五年に発表した「ボランティア活動支援に関する提言」では、ボランティアの支援策には「ボランティア活動を推進するNPOへの支援」と「ボランティア活動への参加を図るための支援」の二つがあるとし、前者については、「NPOは本来、財政面においても民間資金及び自主財源を中心に運営されることが基本」としている[63]。これは、NPO法人のサービス提供活動に関しては公的援助の対象としない、という姿勢を表すものである。この提言について諏訪徹は、「ボランティア活動を支援していく主体としてNPOを位置づけ」ていることがこの提言の特徴だ[64]と指摘している。

大阪ボランティア協会の早瀬昇は、ボランティアの組織化を企業活動になぞらえ、「ニーズ」と「シーズ[65]」を集め、一種の「市場」を創出する作業だ[66]としている。この想定のもとでは、ボランティアは資源であり、NPOは企業であり、ボランティア活動は製品ということになる。行政がNPO法人に公的資金を投下する場合、この製品産出への期待があると考えられる。言い換えれば、NPO法人は、ボランティア活動を産出するシステム(以下、ボランティア育成システムと表記)として機能してこそ意義ある存在とみなされるということである。

しかし、二〇〇〇年の介護保険制度施行以降は、こうした期待と、介護系NPOが抱える内外の条件との乖離が浮き彫りになっていくのである。

注

(1) ただし社会福祉学で、このような主導は、政策主体によるボランティア活動の抱え込みであり、「集権的移譲管理の論理」をボランティアにまで及ぼすものという批判がある(前掲「ボランティア問題をめぐる公と私」四三—四四ページ)。ほかにも、「行政権力が民間の社会福祉をコントロールしている」(井岡勉「地域福祉における公私関係——社協を中心として」「社会福祉学」第二十六巻第二号、日本社会福祉学会、一九八五年、二六ページ)、「本来自発的であるべき地域住民のボランタリーな諸活動を、行政の主導によって福祉サービスの供給主体として組織化してゆこうとする一見矛盾に満ちた動向」（前掲「在宅福祉サービスの存立構造」一五五ページ）という批判も示されている。

（2）前掲『住民参加型在宅福祉サービス団体の組織類型別の推移』

（3）野口定久「在宅福祉の展開とソーシャルワークの機能」、全国社会福祉協議会編「月刊福祉」第七十巻第六号、全国社会福祉協議会、一九八七年、三六ページ

（4）中島充洋「変容期のなかのボランティア活動と諸課題」、全国社会福祉協議会編「月刊福祉」第七十巻第三号、全国社会福祉協議会、一九八七年、四六ページ

（5）前掲「ボランティア活動の新局面」二六ページ

（6）安藤一夫「有償ボランティアの実践から――なぜ有償なのか」、前掲「月刊福祉」第七十巻第三号、五八ページ

（7）前掲『市民ヘルパーの泣き笑い』一八四ページ

（8）「確実に対象者とかかわっていける」（前掲「有償ボランティアの実践から」）ことに価値を置くこうした姿勢について天田城介は、「「その呼びかけ、問いかけによって切り拓かれる、新たなはじまりを聞き届けつつ、それに呼応し応答すること」このことによって市民事業化の担い手たちの責任は達成されてゆくのである。それは既存の「責任」概念とは異なるものである」と論じている（「高齢者福祉サービスの市民事業化における陥穽と可能性（1）――高齢者福祉ＮＰＯの市民動員化をめぐる政治学」、熊本学園大学社会関係学会編「社会関係研究」第九巻第二号、熊本学園大学社会関係学会、二〇〇三年、二〇四ページ）。

（9）中村順子「神戸ライフ・ケアー協会の10年（座談会 住民参加型在宅福祉サービスをすめるために）」、全国社会福祉協議会編「月刊福祉」第七十六巻第十三号、全国社会福祉協議会、一九九三年、二一ページ

（10）前掲『市民ヘルパーの泣き笑い』一五三ページ

（11）後藤礼子「在宅福祉サービスの担い手として」、全国社会福祉協議会編「月刊福祉」第七十五巻第二号、一九九二年、全国社会福祉協議会、五九ページ

（12）全国社会福祉協議会『住民参加型在宅福祉サービス団体活動実態調査報告書 平成六年〜平成八年度実績』全国社

会福祉協議会、一九九八年、五六—五八ページ

(13) 前掲「住民参加型在宅福祉サービス活動の担い手の意識調査報告」九二ページ

(14) 全国社会福祉協議会『「住民参加型在宅福祉サービス団体の運営等のあり方に関する調査研究」報告書』全国社会福祉協議会、一九九七年

(15) 同書四三、九二—九三ページ

(16) 前掲『社会福祉供給システムのパラダイム転換』二—三ページ

(17) 介護対策検討会「介護対策検討会報告書」介護対策検討会、一九八九年(http://www.ipss.go.jp/publication/j/shiryou/no.13/data/shiryou/syakaifukushi/392.pdf)[二〇一五年三月二十五日アクセス]

(18) 高齢社会福祉ビジョン懇談会「21世紀福祉ビジョン――少子・高齢社会に向けて」高齢社会福祉ビジョン懇談会、一九九四年(http://www.ipss.go.jp/publication/j/shiryou/no.13/data/shiryou/souron/18.pdf)[二〇一五年三月二日アクセス]

(19) 高齢者介護・自立支援システム研究会「新たな高齢者介護システムの構築を目指して」高齢者介護・自立支援システム研究会、一九九四年(http://www.ipss.go.jp/publication/j/shiryou/no.13/data/shiryou/syakaifukushi/514.pdf)[二〇一五年三月二日アクセス]。この研究会の座長は大森彌であり、委員として岡本祐三、京極高宣、田中滋、樋口恵子、山口昇らが参加している。

(20) 厚生省告示第百十七号「国民の社会福祉に関する活動への参加の促進を図るための措置に関する基本的な指針」厚生省、一九九三年(http://www.ipss.go.jp/publication/j/shiryou/no.13/data/shiryou/syakaifukushi/466.pdf)[二〇一五年三月二日アクセス]

(21) 厚生省中央社会福祉審議会・地域福祉専門分科会「ボランティア活動の中長期的な振興方策について(意見具申)」中央社会福祉審議会、一九九三年(http://www.ipss.go.jp/publication/j/shiryou/no.13/data/shiryou/syakaifukushi/475.pdf)[二〇一五年三月二日アクセス]

(22) 厚生労働省「第2編第1部 I老人保健福祉」「厚生白書 平成四年版」厚生労働省、一九九三年(https://www.mhlw.go.jp/toukei_hakusho/hakusho/kousei/1992/dl/13.pdf)[二〇一七年九月二十八日アクセス]

(23) 栗木黛子「一つの福祉サービスの終焉と再生への模索――食事サービスのこれまでとこれから」、田園調布学園大学人間福祉学部／子ども未来学部／図書館・地域交流センター編「田園調布学園大学紀要」第一巻、田園調布学園大学人間福祉学部、二〇〇六年、二〇ページ

(24) たとえば、川崎市のワーカーズ・コレクティブ「あい・あい」は、市内の生活クラブ生協系団体を中心として川崎市民参加型福祉協議会を結成して行政にはたらきかけ、その要望が一九九四年に川崎市生活支援型食事サービスモデル事業として実現したことを受けて、この事業を受託している。この事業の九七年度の収入は八百六十九万一千百円だった（栗木黛子「川崎市における非営利団体による在宅福祉サービス――麻生食事サービスワーカーズ「あい・あい」の事例」、田園調布学園大学人間福祉学部紀要編集委員会編「人間福祉研究」第一号、田園調布学園大学、一九九八年、五四ページ）。

(25) 大蔵・厚生・自治 三大臣合意「高齢者保健福祉推進十か年戦略の見直しについて（新ゴールドプラン）」一九九四年（http://www.ipss.go.jp/publication/j/shiryou/no.13/data/shiryou/souron/20.pdf）［二〇一八年十二月二十七日アクセス］

(26) 再び川崎市の例だが、一九八九年に団地内の地域交流の場を開設した「コスモスの家」は、結成以来行政に助成を要望し続けてきたところ、ようやく九四年に川崎市ミニ・デイサービス補助事業の受託を獲得し、年間八百万円の助成を獲得した（渡辺ひろみ『主婦たちがつくったミニ・デイサービス――『コスモスの家』よいとこ一度はおいで』自治体研究社、一九九七年、二六ページ）。

(27) 富山方式として有名な「このゆびと〜まれ」でも、助成が長年認められなかったが、一九九八年からは富山県民間デイサービス育成事業の委託を引き出している（「福祉新聞」二〇一四年六月二十三日付）。

(28) 高齢者保健福祉推進特別事業の一つとして設けられた制度であり、「地域の実情に応じて各種民間団体が行う先導的事業に対する助成等」を制度目的としている。
自治政第五十六号・厚生省発政第十七号「高齢者保健福祉推進特別事業について」厚生省、一九九三年（https://www.mhlw.go.jp/web/t_doc?dataId=00ta4264&dataType=1&pageNo=1）［二〇一五年三月十日アクセス］

(29) 民間企業助成の詳細は不明だが、一九九一年に大阪コミュニティ財団が発足、九二年に大同生命厚生事業団が「サ

ラリーマンボランティア活動助成」「シニアボランティア活動助成」を開始、九四年に大和証券福祉財団が「ボランティア助成」を開始、などをあげることができる。

(30) 厚生省大臣官房統計情報部編「平成八年 健康・福祉関連サービス産業統計調査の概況」厚生省大臣官房統計情報部、一九九九年

(31) 厚生省老人保健福祉局長(老発第五百五十号)「在宅老人福祉対策事業の実施及び推進について」厚生省、一九九八年 (https://www.mhlw.go.jp/web/t_doc?dataId=00ta4323&dataType=1&pageNo=1) [二〇一八年十二月二十七日アクセス]

(32)「在宅福祉サービスの基盤整備の推進について」、老人保健福祉局「全国厚生関係部局長会議資料」厚生省、一九九八年 (https://www.mhlw.go.jp/www1/topics/h10-kyoku/roujin-h/t0120-10g.html) [二〇一八年十二月二十七日アクセス]

(33) 厚生省老人保健福祉局長(老発第四百七十号)「在宅高齢者保健福祉推進支援事業の実施について」厚生省、一九九九年 (http://www.ipss.go.jp/publication/j/shiryou/no.13/data/shiryou/syakaifukushi/746.pdf) [二〇一五年十月四日アクセス]

(34) 大蔵・厚生・自治 三大臣合意「今後五か年間の高齢者保健福祉施策の方向——ゴールドプラン21」一九九九年 (http://www.ipss.go.jp/publication/j/shiryou/no.13/data/shiryou/syakaifukushi/780.pdf) [二〇一五年三月二日アクセス]

(35) 三本松政之(研究代表)『社会福祉非営利組織の組織原理と運営についての動態的研究』一九九九年度—二〇〇一年度科学研究費補助金(基盤研究(C)(2))研究成果報告書、立教大学、二〇〇二年、一三五ページ

(36) 運動の発端は、リップナックとスタンプス夫妻による「ネットワーキング」論の研究会である。一九九四年には『市民公益活動基盤整備に関する調査研究』(総合研究開発機構)を発表し、「シーズ=市民活動を支える制度をつくる会」が発足していた(日本NPOセンター『市民社会創造の十年——支援組織の視点から』ぎょうせい、二〇〇七年、一三四—一五四ページ)。

(37)「シーズ=市民活動を支える制度をつくる会」「NPO研究フォーラム」「市民公益活動の基盤整備を考える会」の

呼びかけで一九九五年に発足したネットワーク組織（同書一五五ページ）。
（38）同書一七二―一七六ページ、渡辺元「ＮＰＯ法の経緯と意義を振り返り、ＮＰＯの「いま」と「これから」を考える――法の成立・施行10年を経て」「21世紀社会デザイン研究」第七号、立教大学大学院21世紀社会デザイン研究科、二〇〇八年、二九―三八ページ
（39）Wonderful Aging Club の略。
（40）この二つの団体は、阪神・淡路大震災の際には連合とともに市民・連合ボランティアネットワークを結成して被災者支援を展開し、さらに、このネットワークを母体として、ＮＰＯ法制定運動への住民グループ系団体の参加を組織化したという。さわやか福祉財団監修、長寿社会文化協会編『ＮＰＯが描く福祉地図――介護保険とこれからの地域社会』ぎょうせい、一九九八年
（41）アメリカの高齢者当事者団体である。一九九九年までは American Association of Retired Persons（全米退職者協会）が正式名称だったが、五十歳から加入が認められていて、この年代の会員が約半数を占めることから、「ＡＡＲＰ」を正式名称とした。会員数約三千二百万人を擁する全米一のＮＰＯでありロビイング団体といわれている（溝田弘美「アメリカの高齢者団体におけるアドヴォカシー活動の展開――ＡＡＲＰを中心に」、立命館大学政策科学会編「政策科学」第八巻第一号、立命館大学政策科学会、二〇〇一年）。
（42）奈良まちづくりセンター『市民公益活動基盤整備に関する調査研究』総合研究開発機構、一九九四年、四―五ページ、前掲『市民社会想像の10年』一四五ページ。なお、「市民活動」という用語が普及する直接の契機は、トヨタ財団が一九八八年に開始した「市民活動助成」だったといわれている。同財団によれば、「住民運動」もしくは「市民運動」としなかったのは、「これらの言葉が帯びた政治的色彩や思い込みを避けようとの配慮からであった」（トヨタ財団30年史編集室編『トヨタ財団30年史 本文編――昭和49―平成16』トヨタ財団、二〇〇六年、四〇ページ）。
（43）堀田力／山岡義典／和田敏明「ボランティア革命24――鼎談・ボランティア活動推進にむけての社会的支援」、全国社会福祉協議会編「月刊福祉」第七十八巻第十四号、全国社会福祉協議会、一九九五年、五二ページ
（44）前掲『社会福祉非営利組織の組織原理とその運営実態についての動態的研究』一一九ページ
（45）前掲『「住民参加型在宅福祉サービス団体の運営等のあり方に関する調査研究」報告書』一―二ページ

(46)同報告書三九―四一ページ。一九九〇年にホームヘルパーの資格制度が導入されたことから、行政が、家事援助サービスの従事者にはホームヘルパー三級、身体介護従事者は二級の資格取得を後押しした。たとえば川崎市では九五年から「市民総ホームヘルパー大作戦」が始まり、同市の高齢社会福祉総合センターでは九七年までに一級課程六百三十一人、二級課程七百八十九人、三級課程二千七百六十二人が修了した(上之園佳子「訪問介護教育に関する考察――ホームヘルパー養成研修の介護技術に関する調査分析」、田園調布学園大学編「人間福祉研究」第二号、田園調布学園大学、一九九九年、一五四―一五五ページ)。

(47)一九八七年の「社会福祉士及び介護福祉士法」によって法定資格化された。

(48)前掲『「住民参加型在宅福祉サービス団体の運営等のあり方に関する調査研究」報告書』五三―五九、九一ページ

(49)同報告書一九―二一ページ

(50)宅老所は、一九九五年ごろから急増し、九八年の全国調査では、約六百カ所が確認された。宅老所・グループホーム全国ネットワーク監修「生活支援サービス立ち上げマニュアル5 宅老所」全国社会福祉協議会、二〇一〇年

(51)「時間貯蓄」「点数預託」「タイムストック」「タイムダラー」などとして諸団体が個別に実行してきた「時間通貨」をコンピュータネットワークでつなぎ、その流通性を担保することを構想していた。また厚生省は、一九九二年に三浦文夫を座長として「介護ボランティア等の時間貯蓄制度に関する研究会」を設置し、翌年、「国民の社会福祉に関する活動への参加の促進を図るための措置に関する基本的な指針」によって「会員制、互酬性及び有償性」を「住民参加型在宅福祉サービス」の特色として認め、「住民参加型グループの組織化、市町村及び社会福祉協議会の協力による各団体の連携」に努めることを求めた。九二年には、さわやか福祉財団が、やはり三浦を座長として「ふれあい切符研究会」を設置していて、二つの動きは連動したものと考えることができる。さわやか福祉財団「さあ、言おう」二〇〇〇年四月号(日本財団図書館〔電子図書館〕)(http://www.zaidan.info/seikabutsu/2000/00298/contents/045.html)[二〇一五年一月二十八日アクセス]

(52)住民互助型団体の新規設立と運営に関する指導・助言にあたるアドバイザー養成研修。

(53)堀田力「巻頭言」「さあ、言おう」一九九八年一月号、さわやか福祉財団、二ページ

(54)神奈川ホームヘルプ協会を中心に、一九九一年に地域の住民参加型在宅福祉サービス団体八団体によって結成され

た（前掲『市民ヘルパーの泣き笑い』）。

（55）一九九八年に、十一団体で「ちた在宅ネット」として発足し、九九年に現在の名称に変更した（「特定非営利活動法人地域福祉サポートちた」〈https://sunnyday-cfsc.ssl-lolipop.jp/index.php/〉［二〇一五年五月二十日アクセス］）。

（56）全国社会福祉協議会『平成十四年度 住民参加型在宅福祉サービス団体活動実態調査報告書』全国社会福祉協議会、二〇〇三年

（57）松下典子／間瀬寿夫「キーパーソンの本音トーク」「gurepapy」（http://homepage2.nifty.com/hito-machi/08support_chita/08key.html）［二〇一五年五月二十日アクセス］

（58）廣瀬まり「福祉ネットワークの形成条件――愛知県知多半島を中心とした福祉ＮＰＯのネットワークを事例として」、福祉社会学研究編集委員会編「福祉社会学研究」第一号、福祉社会学会、二〇〇四年、一八二ページ

（59）労働政策研究・研修機構編『ＮＰＯ就労発展への道筋――人材・財政・法制度から考える』（「労働政策研究報告書」第八十二号）、労働政策研究・研修機構、二〇〇七年、一二七ページ。この報告書は「ＮＰＯ法人の能力開発と雇用創出に関する調査」と「企業の連携と有償ボランティアの活用についての調査」の成果に基づいている。

（60）前掲『平成十四年度 住民参加型在宅福祉サービス団体活動実態調査報告書』

（61）中野敏男「ボランティア動員型市民社会論の陥穽」「現代思想」一九九九年五月号、青土社、七六ページ

（62）前掲「高齢者福祉サービスの市民事業化における陥穽と可能性（1）」二〇一ページ

（63）全国社会福祉協議会・全国ボランティア活動振興センター・ボランティア活動に対する社会的支援策のあり方に関する調査・研究委員会「ボランティア活動支援に関する提言」一九九五年。堀田力を座長とする「ボランティア活動に対する社会的支援策のあり方に関する調査・研究委員会」の報告書（http://www.ipss.go.jp/publication/j/shiryou/no.13/data/shiryou/syakaifukushi/530.pdf［二〇一五年五月二十日アクセス］）に基づいて策定されたものである。

（64）諏訪徹「ボランティア活動、ボランティア団体・ＮＰＯ支援の課題――各種調査より」、全国社会福祉協議会編「月刊福祉」第七十九巻第十号、全国社会福祉協議会、一九九六年、二八ページ

（65）語源は「seeds（種子）」。マーケティング用語であり、企業がもつ特別な技術や材料を指す。

（66）早瀬昇「ボランティア革命9――市民公益活動の促進に必要なこと」、全国社会福祉協議会編「月刊福祉」第七十

七巻第十一号、全国社会福祉協議会、一九九四年、五二ページ

第4章　助け合い活動の再編――二〇〇〇年以降

はじめに

介護保険制度の発足にともない、住参サービスの住民グループ系団体の多くはＮＰＯ法人化し、従来の助け合い活動を継続しながら、この制度に参入した。(1)この選択は団体の内外で肯定的に評価され、住参団体数が著しく増加した。特に住民互助型は二〇〇三年には千百七十二団体となった。これは、介護保険法が成立した一九九七年時点の二倍以上の数値である。(2)

しかし、こうした増加は二〇〇三年をピークとして頭打ちとなる。全社協の報告によれば、住参団体の全体数は、〇〇年には千九百十二団体、一四年には二千六十一団体としている。ところが住民互助型は、〇八年を例外として、一四年度までに九百二十五団体へと減少している。(3)同時期、「保健、医療又は福祉の増進を図る活動」分野の認証数が順調に増加していると報告され、(4)介護保険の訪問介護に占めるＮＰＯ法人の比率が、〇〇年の二・一％から一〇年には五・七％に上昇していることに比べると、こうした減少は、助け合い活動に特徴的な動

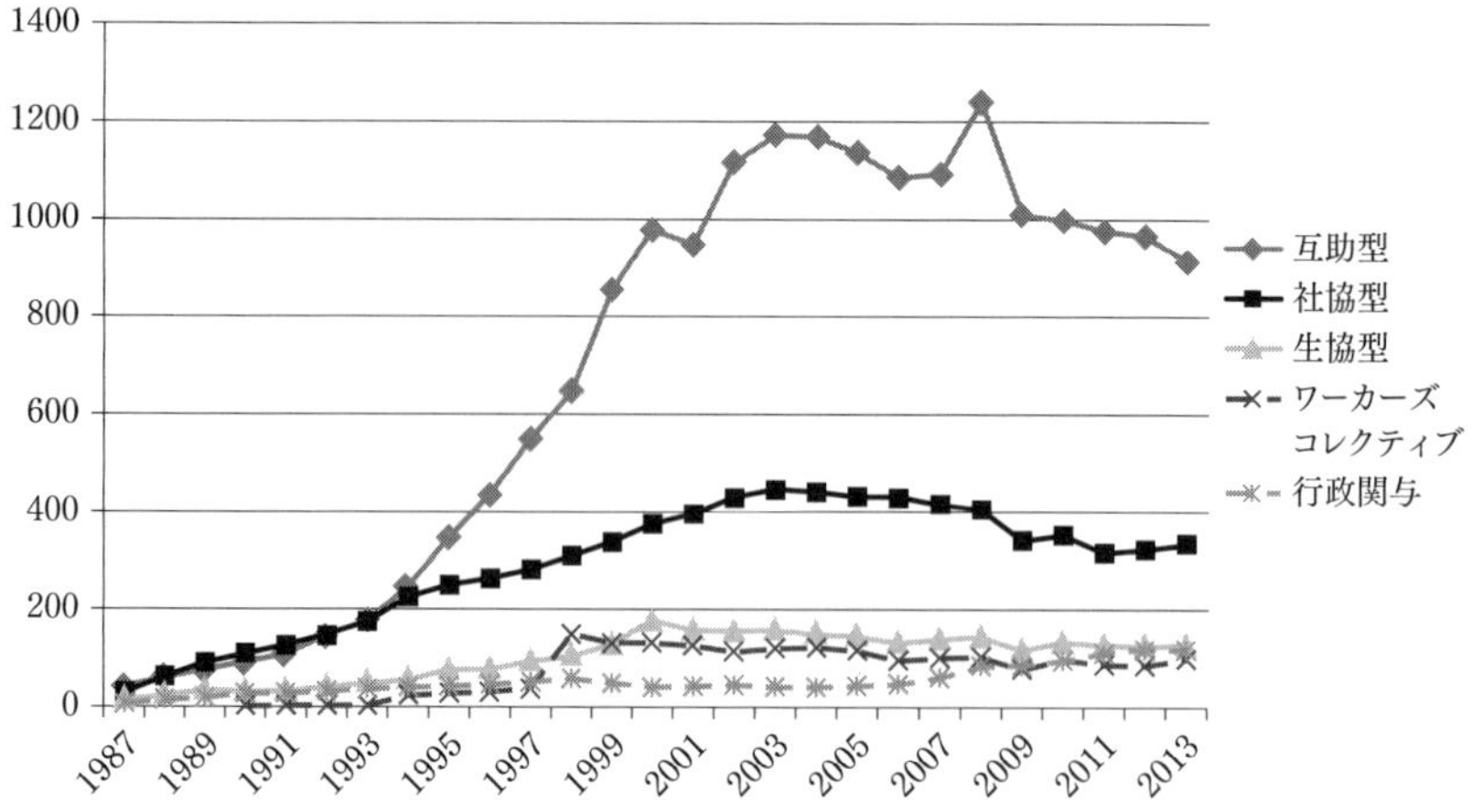

図6　住民参加型在宅福祉サービス団体の類型別団体数の推移（1987－2013年）
（出典：前掲『住民参加型在宅福祉サービス団体の組織類型別の推移』から筆者作成）

向を表しているだろう。

しかしこの動向とは裏腹に、二〇〇三年以降の地域包括ケアシステム構築を基本方針とする政策（以下、地域包括ケア政策と略記）では、より多様な生活支援サービスが求められているとし、対応策としてサービス市場やボランティアの助け合いの場の形成を打ち出し、このことに向けて制度の再編が進んでいく。本章では、こうした一見反対方向の動向がどのように進行し、住民グループ系団体から派生した介護系ＮＰＯが〇〇年以降、どのような局面を迎えたのかを示す。

1　介護保険制度下の介護系ＮＰＯ

介護保険制度の発足を受けて、多くの介護系ＮＰＯが指定事業者となり、訪問介護や通所介護などの居宅サービス部門に参入した。二〇〇〇年の『国民生活白書』は、ＮＰＯ法人の指定事業者化について、「指定事業者として行うサービスは、いわば定型化された内容である。他方、ＮＰＯには、要介護者の精神的な満足を満たすようなサービスを提供する役割も期待されている。そうしたサービスは、画一的な対応をとらずに柔軟な活動を行うＮＰＯが得意とするものである」[5]と、介護系ＮＰＯ

が制度サービスと制度外サービスの両方を展開することへの期待を示した。

さわやか福祉財団の二〇〇一年度の定点調査によれば、NPO法人格をもつ団体では、団体の役割について、五二・八%が「他機関からは独立して、独自のサービスを提供することである」とし、三一・六五%が「他機関とは質的に異なるサービスを補足して提供することである」と回答している。また役割の主観的達成度では、五五・九八%が「果たせている」とし、「どちらかというと果たせている」と合わせると九三・八%が、厚生労働省が期待したようなNPO法人ならではの役割についての達成感をもっていたことがわかる。(6)

また『平成十一年度住参調査報告』では、事業者指定を受けた理由について、住民グループ系団体の八〇%以上が「サービス利用者に保険給付対象者がいるから」とし、七〇%以上が「介護保険制度がよりよいものとなるためには市民の参画が重要」としている。(7)さらに前述した『二〇〇二年福祉NPO実態調査』によれば、介護保険の指定事業者になることについて、六四・六%の団体が「団体の運営が安定し、本来の活動を継続できる」と答えている。(8)介護系NPOにとって指定事業者化は、助け合い活動の利用者の便宜を図り、制度をより良くし、継続的・安定的に活動を継続していくことを狙った選択だったといえる。

実際、介護保険への参入後の介護系NPOには、徐々に事業収入の増加がもたらされていく。「平成十六年度住参調査報告」によると、二〇〇三年度の平均的な団体収入は住民互助型で約三千二十一万円、ワーカーズ・コレクティブ型で二千七百十八万円と、〇〇年の収入の二倍以上になっている。また事務所設置率も上昇し、住民互助型では七七・六%、ワーカーズ・コレクティブ型では九五・二%が「事務所あり」と回答している。(9)

ただし収入内訳をみると、住民互助型では、介護保険収入が六六・六%を占めていて、本来の活動といわれる助け合い活動からの収入は、利用料が一二・四%、会費は一・六%にすぎない。(10)また、二〇〇〇年の『国民生活白書』は、NPO法人の特徴として「活動の中心にボランティアがいること」をあげ、「財政的に豊かなNPOも、規模の小さなNPOも、その活動が組織的かつ継続的になるように、ボランティアが支えている」(11)としていたが、〇四年に労働政策研究・研修機構が実施した調査の報告は、「一切のボランティア活動をせずに介護保険事業のみというようなNPO法人」[12]も出現したと指摘している。

二〇〇三年と〇九年に介護系NPOの全国調査をおこなった本郷秀和らは、日本社会福祉学会の第五十八回秋季大会で、介護系NPOの六年間の変化を次のように報告している。

ボランティア募集をしない介護系NPOが増加したとともに、登録ボランティアも減少した。また、制度外サービスの担い手は有償・無償ボランティアが減少し、常勤・非常勤・パート職員へと移り、その労働対価は介護保険従事者と同じとする法人が増え、介護保険事業と兼務する勤務形態が増えてきている。[13]

加えて、介護保険制度参入後の介護系NPOの組織運営と活動は、制度からの強い拘束を受けることになった。二〇〇四年、住参全国連絡会は、「地域福祉を進める市民福祉活動――住民参加型在宅福祉サービスの新展開に向けて」（以下、「二〇〇四年住参全国連絡会文書」と略記）において、住参サービスを先駆的に開始した諸団体は「単なるサービスの担い手や行政の補完としてではなく、問題解決のための具体的な行動や要求などを行い、市民運動としての要素も持ち合わせていた」としている。その一方、介護保険制度導入以降、そうした団体に収入の増大がもたらされたものの、①ヨコのつながりから雇用―被雇用関係への転換、②担い手の目的の多様化、③助け合いからサービス供給者―消費者関係への転換、④サービスが制度化されたことによる「新たなニーズに取り組む姿勢」の喪失、⑥助け合い活動の利用減、などの変化が起き、このことによって住参団体の特性が見えづらくなっている、という現状認識を示した。[14] そして、「制度にとらわれないきめ細かで自由な活動を、いかに生き生きと展開できるかが問われている」[15]と訴えた。この文書について妻鹿ふみ子は、助け合い活動の危機的状況の打開に向けた決意表明だったと評している。[16]

ただし、「平成十六年度活動実態調査」[17]では、二〇〇五年度の介護保険制度改正によって見込まれていた軽度者のサービス利用の制限について、住民互助型の二四・八％が「影響はない」、三％が「さほど影響はない」と、多少楽観的な見通しを示している。[18] 七〇%以上が軽度者へのサービスを「住民参加型在宅福祉サービスとして担うべき」としていることから、この楽観傾向は、介護保険制度が利用できない場合は助け合い活動が補完するという意識が共有されていたことによると考えられる。

しかし、制度改正後、軽度者への保険適用が厳格化して制度外サービスへの依頼が急増するや、そうした楽観傾向は消えた。二〇〇八年に住参全国連絡会が発表した「介護保険改正／自立支援法施行を受けての住民参加型在宅福祉サービスの現状と今後のあり方（意見表明）」（以下、「二〇〇八年住参全国連絡会文書」と略記）では、多くの団体で事務負担の増加、担い手不足、運営資金不足などの負荷が増しているとして、制度外サービスへの助成の強化と規制緩和を求めている。[19] また、先にあげた本郷秀和らによる全国調査のうち〇九年調査によれば、六九%の団体が「財政状況が不安定である」と回答し、六八・五%が「制度外サービスからの収入が期待できない」、三四・六%が「従事者がいない」と回答したという。[20] つまり、介護系NPOでは、「本来の活動」である助け合い活動への需要が高まるほど、収入が低下し、担い手の負担が増加するという、ジレンマ状況が発生していたのである。

2　地域包括ケア政策の展開――政策的環境

住民グループ系団体にとって追い風となってきた社会福祉基礎構造改革は一九九七年の介護保険法成立、児童福祉法改正、二〇〇〇年の社会福祉事業法改正（社会福祉法成立）、〇三年の支援費制度導入、〇五年の障害者自立支援法成立という成果をあげ、収束を迎えていた。また、〇〇年の社会福祉法成立を受けて、地域福祉が社会福祉の中心的課題になっていった。

二〇〇〇年四月、厚生省は、介護保険を補完する事業として介護予防・生活支援事業を新設した。これは、市町村を実施主体として、要援護高齢者や一人暮らし高齢者に対する配食サービスや外出支援サービスなどの生活支援サービスの提供と、転倒予防教室などの介護予防事業の実施を事業内容とするものであり、「市町村老人クラブ連合会、市町村社会福祉協議会、社会福祉法人、民間事業者、住民参加型非営利組織、農業協同組合及び農業協同組合連合会等に委託することができる」[21]としている。ふれあい・いきいきサロンもこの事業の適用対象になり、〇〇年から開設が急増した。[22]担い手の多くは、自治会や町内会、民生委員などである。[23]

全社協によれば、ふれあい・いきいきサロンとは以下のようなものである。専門職が主導する高齢者の社会参加のためのグループでは参加者が受動的になりやすく、職員が異動すると衰退するという経過をたどりがちだった。また、虚弱高齢者の増加によって介護予防のシステム開発が地域に求められた。そのため、高齢者の地域生活を住民自らが支え合う取り組みとして、全社協が一九九四年に提唱した。[24]それが高齢者の介護・認知症予防と健康増進に非常に効果的と判断されたことから、介護保険の発足と機を一にして、より積極的に拡大していく方向に向かった。

介護予防・生活支援事業は、二〇〇二年には介護予防・地域支え合い事業となり、〇六年からは地域支援事業へと変化していく。〇四年の実態調査（厚生労働省全国高齢者保健福祉・介護保険担当課長会議資料）によると、実施市町村の九六・五％は委託によって実施していて、その五四・八％は市区町村社協に委託し、二八・七％は社会福祉法人に委託している。営利法人への委託も一四・七％あるなか、NPO法人への委託は二・六％と報告されている。[25]こうしたことから、介護予防・生活支援事業は、従来の住参サービスとは異なる枠組みによる「新たな助け合い」の仕組みづくりの起点に位置していたとみることができる。

一方、住参サービスの団体数がピークになった二〇〇三年、厚生労働省「二〇一五年の高齢者介護――高齢者の尊厳を支えるケアの確立に向けて」（以下、「二〇一五年の高齢者介護」と略記）が、介護保険制度の今後の方向として「介護保険のサービスを中核としつつ、保健・福祉・医療の専門職相互の連携、さらにはボランティアなどの住民活動も含めた連携によって、地域の様々な資源を統合した包括的なケア（地域包括ケア）を提供する」[26]

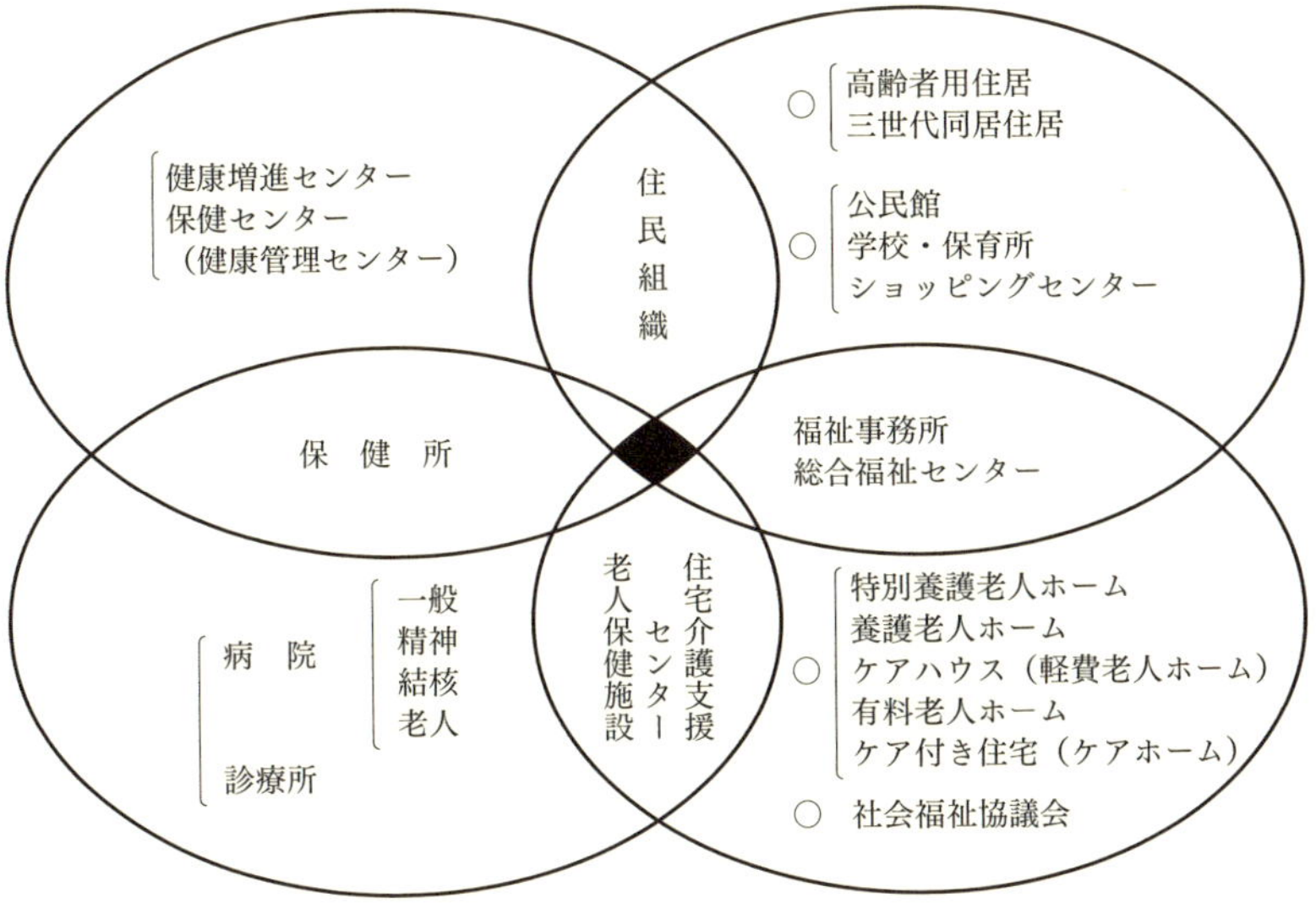

図7　公立みつぎ総合病院での地域包括ケアシステムの概念図
（出典：山口昇「地域包括ケアのスタートと展開」、髙橋紘士編『地域包括ケアシステム』所収、オーム社、2012年、35ページ）

ことを提言した。今日の地域包括ケア政策の第一歩といえるこの報告書は、高齢者介護研究会が取りまとめたものであり、その座長は、さわやか福祉財団の堀田力だった。第3章で示したように、堀田は、ボランティアの大量創出による福祉社会の建設を目標として掲げ、一九九〇年代の住民グループ系団体の拡大に力を発揮してきた人物であり、介護保険制度の成立に向けて組織された「介護の社会化を進める一万人市民委員会」という国民運動の主導者でもある。地域包括ケア政策という計画は、市民活動推進勢力という運動とのタイアップによって出発したとみることができるだろう。

ただし、地域包括ケアシステムのシステムデザインにはもともと住民組織が位置づけられていた。図7は、考案者である公立みつぎ総合病院[27]（広島県）の山口昇院長（当時）が描いた概念図である。

みつぎ総合病院の地域包括ケアは全国から注目され、一九九〇年代には各地の国保直診病院や自治体が同様の体制構築に取り組んだ。[28]介護保険制度を進めた福祉政策の底流には、医療―保健―福祉を統合した在宅ケアシステムのビジョンが伏在していて、そこに住民組織の役割も埋め込まれていたわけである。

しかし、介護保険制度の発足時に最優先の課題となったのは、地域包括ケアではなく、介護市場の整備だった。にもかかわらずこのビジョンが二〇〇三年に再浮上したのは、介護保険制度施行直後から施設需要が爆発的に増加し、財政的な面で制度継続の危機が意識されたことによる。

「二〇一五年の高齢者介護」を受け、〇五年には介護保険法が改正され、地域包括支援センターの創設が盛り込まれた。(29) 〇六年には「今後の社会保障の在り方について」(社会保障の在り方に関する懇談会)が、社会保障を人口高齢化に対応した持続可能なものにするために、「自助」「共助」「公助」の役割分担を今後の社会保障制度の基本枠組みとするという政策方向を示し、(30) 〇七年には「地域ケア体制の整備に関する基本指針」(医総発第0825001号医政局総務課長・老総発第0825001号老健局総務課長・保総発第0825001号保健局総務課長通知)が、各都道府県に「地域ケア体制整備構想」の策定を義務づけた。(31)

その後、二〇〇九年に地域包括ケア研究会が最初の報告書を発表した。この報告書は、二五年以降の介護需要のピークを見据え、医療・介護サービスの抜本的再編が必要だとして地域包括ケアシステムの骨格構想を示したものである。(32) この構想が描く地域包括ケアシステムとは「ニーズに応じた住宅が提供されることを基本とした上で、生活上の安全・安心・健康を確保するために、医療や介護だけでなく、福祉サービスを含めた様々な生活支援サービスが日常生活の場(日常生活圏域)で適切に提供できるような地域での体制(33)」であり、行政をコントロールタワーとして「自助」「互助」「共助」「公助」がそれぞれの役割に能動的に取り組むネットワークである。また、「互助の取組は高齢者等に様々な好影響を与えていることから、その重要性を認識し、(略)これまでの地縁・血縁に依拠した人間関係だけでなく、趣味・興味、知的活動、身体活動、レクリエーション、社会活動等、様々なきっかけによる多様な関係をもとに、互助を進めるべきではないか(34)」としている。こうした多様な動機づけの機会を通じて住民たちの能動性が発揮されなければこのネットワークは機能しない。そこに、地域包括ケア政策の最大の課題があり、そのために「運動」的なエネルギーが必要とされたということができる。

二〇一〇年には、社会保障審議会介護保険部会が「介護保険制度の見直しに関する意見」を発表し、「軽度者に対する予防・生活支援のための総合的なサービスを保険者である市区町村の判断により実施する」[35]という方針を示した。また同年には「地域の日常的な支え合い活動の体制づくりを行う」ことを事業目標とする地域支え合い体制づくり事業も開始された。この事業は、国の交付金による介護基盤緊急整備等臨時特例基金の積み増し分を財源として、「高齢者等の支援を行うNPO等の活動の立ち上げ支援」「先駆的・パイロット的な事業の立ち上げ支援」など、生活支援の互助化の担い手育成を市区町村に促したものである。[36]

このような流れを受けて二〇一一年の介護保険法改正時には、地域包括ケアシステムの構築を法案に明記して、地域支援事業に新たに介護予防・日常生活支援総合事業（以下、総合事業と略記）が設けられた。厚生労働省「介護予防・日常生活支援総合事業の基本的事項について」[37]によれば、この事業は、「地域支援事業において、多様なマンパワーや社会資源の活用等を図りながら、要支援者・二次予防事業対象者に対して、介護予防や配食・見守り等の生活支援サービス等を、市町村の判断により、総合的に提供する」[38]ものだという。

図8　地域包括ケアシステムの概念図
（出典：地域包括ケア研究会「地域包括ケアシステムの構築における今後の検討のための論点（持続可能な介護保険制度及び地域包括ケアシステムのあり方に関する調査研究事業報告書）」三菱 UFJ リサーチ＆コンサルティング、2013年、2ページ）（http://www.murc.jp/uploads/2013/04/koukai130423_01.pdf）［2014年3月2日アクセス］

そして二〇一三年三月、地域包括ケア研究会が地域包括ケアシステムの全体像を整理した報告書を発表した。図8は、この報告書が示した地域包括ケアシステムの概念図である。この図は、生活面には自助と互助が対処し、専門職システムは身体的な問題への対処に特化させるという、地域包括ケアシステムのビジョンを端的に示している。また同報告書は、都市部では「民間サービス市場が大きく、

「自助」によるサービス購入が可能な部分も多いと考えられ、より多様なニーズに対応することができる」としていて、互助の役割は市場によって代替できるという考え方を示している。[39] つまり地域包括ケア政策は、生活支援の互助化だけでなく、生活支援の市場化も、あらかじめ織り込んで立案された政策とみることができる。

3 「つながり」のはたらき——共有意識の形成

地域包括ケア政策の本格化を受け、市民活動推進勢力による助け合い活動の再編が開始された。最も早く動きだしたのはさわやか福祉財団である。二〇一一年創設の地域支え合い体制づくり事業を財源として、各地の自治体にボランティア育成や団体立ち上げ支援の事業計画を提案し、さわやかインストラクター[40]による学習会や活動者養成を推し進めた。さらに、東日本大震災の被災地復興支援を通じて「地域包括ケアの町」づくりのモデルを提示していった。[41]

さわやか福祉財団の活動はこれだけにとどまらない。二〇一三年八月、前年に成立した社会保障制度改革推進法に基づいて設置された社会保障制度改革国民会議が「社会保障制度改革国民会議報告書」[42]を発表した。地域包括ケア研究会が示した構想を全面的に取り入れたこの改革案は、同月のうちに閣議決定された。その直後、さわやか福祉財団は「私たちで軽度者を引き受けよう」という方針を示し、新たな助け合い資源の開発と、多様な支え合い活動をしている各種団体のネットワーク化によってこの体制を構築するという戦略を打ち出した。[43]

また二〇一三年末には、さわやか福祉財団の主導によって、助け合い活動をおこなう団体の全国連合や中間支援組織が新地域支援構想会議[44]を結成し、翌年、「新地域支援構想」[45]を発表した。この意見書は、地域包括ケアシステムづくりへの積極的な参画を表明するとともに、助け合い活動から雇用型サービスを除外して非雇用型サービスだけとするという方針を打ち出した。また同文書によれば、「NPO法人、社会福祉法人、社会福祉協議会、協同組合（生協、農協等）等非営利法人、ボランティアグループ、自治会・町内会やコミュニティ組織等の福祉部、地区社協等住民福祉活動組織、老人クラブ、女性会、商店会等地縁型組織、学校」が助け合い活動の担い手になりうるという。これは、地域包括ケア研究会が互助の資源としてあげたものとほぼ等しい。「新地域支援構想」には、「新たな地域支援事業創設にあたり、生活支援サービス・活動を担う助け合い活動を全国に拡げるための検討をすすめてきました」という記述があるが、これは助け合い活動と互助とをリンクさせる狙いが、政策構想段階から練られてきたことを示唆している。

新地域支援構想会議は、助け合い活動は「活動を通して孤立している人びととつながり、その人と地域社会とのつながりを回復するという、住民・市民自身の活動であるからこそ可能な、また固有の働きを持っている」とし、「新たな地域支援事業は、介護保険財政が厳しいから住民・市民の活動に託すのではなく、地域社会とのつながりを回復するために住民・市民に託すのだととらえるべき(46)」だという主張を展開している。つまり、たとえ地域支援事業の政策意図への違和感や疑念があったとしても、助け合い活動が参画することによって社会的孤立の状況が改善され、この事業の望ましい展開を実現することができると動機づけているのである。

先に示した「二〇〇四年住参全国連絡会文書(47)」にも、「同じ地域に住む住民自身が担い手となることで、単なるサービスを提供するだけではなく、住民同士のつながりという「関係性を届ける」活動であることが大変大きな意味」をもつという主張がある。二〇〇〇年代の住参団体は、サービス提供主体としては存在感が薄れていて、「つながり」を生み出す機能は、その公益性を担保する固有の機能として強調されたと考えられる。

確かに、多くの助け合い活動団体は、担い手会員と利用会員のあいだに利用関係を超えた情緒的な関係を思い描いてきた。住参全国連絡会に加盟する介護系ＮＰＯのそれぞれのウェブサイトからピックアップした文言からもそれが読み取れる。「昔の「向こう三軒両隣」のような、子どもから高齢者まで支えあえる仕組みを作れるように」（福祉ネットワーク西須磨だんらん）、「地域の人々の家族のような暖かな和」（ねっとわあくアミダス）、「日ごろから多様な生活の場面にある出会いを大切に」（地域たすけあいの会）、「一人ひとりの顔がみえ、声が聞こえるところでずっと働きつづけるために」（ふれあいワーカーズうらら）。「つながり」という用語には、こうしたイメージが包含されていると思われる。

また、住参全国連絡会が二〇一七年に発表した「住民参加型在宅福祉サービス団体全国連絡会のあり方」では、「支援を求める一人ひとりに寄り添いながら、画一的ではない温かみのあるサービスを提供してきました[48]」という文言を冒頭に掲げている。前章で、法人化の際、多くの介護系NPOが定款に「誰もが安心して暮らせる地域づくり」と書き込んだという報告を取り上げた。この「安心」という文言のなかには、困りごとを抱える人への親身で身近な「つながり」のイメージが含意されているのだろう。

ただし、助け合い活動の多様な展開のなかには「つながり」に対する二つのアプローチをみることができる。一つは、住参全国連絡会が「寄り添い」と表現するような、個別性が高い必要に深く関わるアプローチであり、草創期から継承されてきたスタンダードな助け合い活動のあり方といえる。もう一つは、多様な人材のネットワークを構築することによって問題解決能力を高め、孤立を防止していくようなアプローチである。

たとえば、生活サポートグループぱれっと（千葉市）は、全社協の実践報告で「できる限り小さな規模で、確実に目が届き、きめの細かい活動ができるような仕組みこそが、自分たちらしい活動のかたちと考えているのです[49]」と記している。こうしたあり方は、前者のアプローチの特徴を端的に示している。

一方、後者のアプローチの例としては、たすけあい大田はせさんず（東京都大田区）をあげることができる。同団体は、介護保険事業のほか、移送サービスや制度外の介護予防事業や市民後見人事業も手がけるなど、多くの地域人材を集め、多様な事業開発に取り組んできた。その機関誌では、地域貢献に関する次のような考察を述べている。

NPOとして、地域の中で地域の住民を支えていくことが使命だとしたら、支え手の住民をいかに育てていくかというのも大切だと思う。

民生委員や地域包括支援センターと話し合いながら、地域で孤立している人たちをどうやって地域に組み込んでいくか考えている(50)。

安立清史は、二〇〇一年に実施した調査をふまえ、介護保険制度の発足以降の介護系ＮＰＯには「地域の新しい福祉サービスの提供拠点として、地域福祉全体へと影響力を発揮していく流れ(51)」がみられると指摘した。これは、後者のネットワーク指向のアプローチの台頭を、別の視点からとらえた指摘とみることができる。

４　収入規模と事業構造の分化――組織のあり方

二〇〇〇年代の介護系ＮＰＯでは、団体ごとのあり方の多様化もみられる。

まず、団体規模の多様化である。全国コミュニティライフサポートセンターの二〇一〇年のアンケート調査報告(52)をみると、職員規模については、有給の常勤職員がいないとする団体が九・四％、一―二人が二〇・二％、三―五人が二九・九％と、約六〇％は五人以下だが、十人以上とする団体も一九・八％である。ＮＰＯ法人の雇用状況についての〇四年と一四年の比較検討をおこなった労働政策研究・研修機構の報告(53)によれば、ＮＰＯ法人では、年間収入がおよそ一千万円増えるごとに約一人の正規職員の増加がみられるということであり、職員数から収入規模の違いをある程度類推することができる。

また、生活支援活動を展開する非営利団体を対象として実施された市民協の二〇一四年のアンケート調査報告(54)でも（回答団体の七七・五％はＮＰＯ法人、一〇・八％は任意団体）、規模の多様化は確認できる。この報告では、介護保険給付以外の高齢者支援の業務を担当するスタッフ中、有給スタッフは〇人とする団体が一六・六％、一

—四人が四一％、五—十人が一一・六％、十一人以上いるとした団体は一四・五％だったという。そして、年間収入では、四〇・八％が三千万円未満だが三億円以上という団体も一〇・一％あり、平均では一億四千六百七十二万円、中央値では三千五百三十一万円と、バラつきが非常に大きいとしている。

財源の多様化も進んだ。この点については「平成二十一年度市民活動団体等基本調査報告書」[55]による、NPO法人の団体規模と財源構成との関連の指摘がある。同報告書によれば、保健・医療・福祉増進を主な活動とする法人の財源構成は、年間収入が「〇円—百万円以下」の場合では「会費」収入が三九・六％を占めていて、「事業収入」は二八・二％でしかなく、「介護保険等」の比率はさほど大きくないという。しかし、「一千万円超—二千万円以下」のクラスを超えると「介護保険等」の比率が増加し、さらに「五千万円超—一億円以下」のクラスを超えると、「会費」「寄附金」「補助金・助成金」の割合が増加して、財源が多様化する傾向がうかがえるという。こうした傾向は、NPO法人の財務研究報告からも指摘されている[56]。

ちなみに安立は、介護系NPOの事業展開はその発展過程で、「訪問介護型」「訪問介護＋ケアプラン型」「訪問介護＋施設運営型」「複合発展型」という四つの類型をたどるとし、複合発展型とは、最も事業を多様化して大規模化した姿であり、五千万円以上の年間事業収入を得るような大規模NPOのほとんどは複合発展型だと指摘[57]している。この分類に照らせば、年間収入が一千万円から五千万円程度の団体までは、訪問系のサービスを中心とした事業展開が主流だが、五千万円を超える団体では事業構造の抜本的変化が生じると考えることができる。そうした変化は、多様化というよりむしろ、分化というほうがふさわしい。

たとえば、じゃんけんぽん（高崎市）、ネットワーク大府（大府市）、フェリスモンテ（大阪市）、たすけあい佐賀（佐賀市）、ぐるーぷ藤（藤沢市）、ぬくもり福祉会たんぽぽ（飯能市）などは、介護保険や障害者総合支援法などの制度的サービスのほか、有料老人ホームや子育て支援、介護職員養成講座、移送サービス、「居場所」[58]など多くの事業を手がけていて、地域課題についての発信力やボランティアの動員力も大きく、複合発展型とみることができる。これらの団体が公開している財務資料[59]をみると、行政からの事業委託費や補助金、助成金などが収入を押し上げている。このような公的資金の投入は、ボランティア育成システムとしての機能への期待に基づいていると考えられる。

とはいえ、大規模化イコール発展というわけではなく、事業規模が小さい団体を発展途上とみることにも問題がある。たとえば、地域のたすけあい市川ユーアイ協会（市川市）、あい在宅福祉サービス（山形市）、たすけあいスプーン（野田市）などは、訪問系サービスを主な財源とし、財政規模は大きくない。しかし、いずれも前身は、住参全国連絡会の一九九一年の名簿[60]に載っている住民グループであり、長期の活動経験をもっている。したがって今日のあり方は、団体が指向して選択してきたとみるほうが適切だろう。

だが、そうした団体の近年の事業運営は、おそらく順調なものではなかったと思われる。石田祐は、保健・医療・福祉分野など事業系のＮＰＯでは、事業収入に偏った収入構造があることから、リスクに弱いなど自立性に対して負の影響を受けやすいと考察[61]している。また馬場英朗と山内直人は、保健・医療・福祉分野では、介護報酬引き下げなどで収益率の低下が懸念されるが、収入規模の拡大につれて収益率がマイナスとなる団体の割合が低下していることから、多様な財源を確保することによって組織の存続能力を高める必要があると指摘[62]している。

本章の第1節「介護保険制度下の介護系ＮＰＯ」で、介護保険への参入後の介護系ＮＰＯでは全体として財政規模が拡大したものの、制度改定と報酬引き下げを受けて疲弊が広がってきたことを指摘した。『平成二十年度住参調査報告』のフリー回答をみると、住民互助型百九十三団体から出された百二十六件の回答のうち、担い手不足や後継者不足などの人材問題の訴えが六十五件にのぼっている[63]。介護保険収入の不安定さや助け合い活動の赤字増大など、財政問題の訴えも少なくない。『平成二十二年度住参調査報告』からは、担い手不足（「担い手と利用者のバランス状況」）が集計項目になっている[64]。『平成二十四年度住参調査報告』の「現在直面している活動の課題で最も大きなもの」という質問項目では、六八・二％が「担い手不足」、三五・五％が「後継者不足」、二三・八％が「資金不足」を「該当する」としている（複数回答の上位三項目[65]）。これらの訴えは『平成二十八年度住参調査報告』でも同様の結果になっている[66]。

5 「生活支援」と「身体介護」の分離——活動様式のあり方

二〇一四年に医療・介護総合確保法[67]が成立し、介護予防訪問介護と介護予防通所介護が、介護保険の給付サービスから地域支援事業へと移行することが決定した。前述した市民協のアンケート調査[68]によれば、介護保険給付サービス実施団体の約半数が介護予防訪問介護を手がけ、約四〇％が介護予防通所介護を手がけている。この二つの事業の給付外化は、新地域支援構想における助け合い活動から雇用型サービスを除外する再編案と相まって、介護系NPOに助け合い活動を継続するか、このアイデンティティから離脱するかの選択を迫るものになっている。

生活支援サービスを保険給付の対象外とすることについては、これまでも介護保険制度創設時をはじめ制度改正ごとに繰り返し議論されてきた[69]。二〇〇六年の介護報酬改定時には「生活援助中心[70]」の「所要時間一時間以上」の加算が廃止された。また一二年には、サービス提供の時間区分が「一時間」から「四十五分」に変更され、報酬単位数も大幅に切り下げられた。こうした趨勢に対して住参全国連絡会幹事会は、一〇年の「介護保険制度・報酬の見直しに係る意見書」で、「生活全体を支援することにおいては、生活援助も身体介護と変わらない重要なサービスであり、利用者の個別性を踏まえ生活を支援するという点において、生活援助は身体介護と同様にホームヘルパーの専門性に基づくサービスです。そういった観点からも、生活援助と身体介護の報酬は同一であるべきと考えます[71]」という意見を表明している。ここには、身体介護と生活支援とを一体のものとして展開しようとしてきた、従来の助け合い活動の基本姿勢が示されている。

ところが住参全国連絡会幹事会による二〇一三年の「介護保険制度の見直しに係る意見書[72]」では「多様な生活支援サービスが地域の高齢者のニーズに応じて広がり、多くの住民がこうした取り組みに関わることは、地域住民の当事者意識や、新しい共生の文化を作りうる人びとの育成にもつなが」るとして、生活支援と身体介護の担い手の分離を受け入れる姿勢を表明している。これは、サービス提供に関する助け合い活動の従来の基本姿勢を大きく転換するものである。

ただしその一方で同意見書は、給付外化した生活支援サービスが「単なる安上がりの制度サービスの代替とならないか」「インフォーマルサービスとしてのメリットを失うことにならないのか」という危惧も表明している。この危惧を同会は、二〇一五年に提出した同名の意見書[73]でも重ねて表明していて、制度変更が助け合い活動にどのように影響するかについての不安感の強さをうかがわせている。

二〇一五年六月に厚生労働省が発した「介護予防・日常生活支援総合事業のガイドライン」[74]は、新しい総合事業が、A型（緩和した基準によるサービス）とB型（住民主体による支援）という二つのサービス類型を基軸として構成されることを示した。表４は広く周知されたモデル類型である。A型とは市町村の委託事業であり、雇用労働者が担い手として想定されている。一方B型は生活支援の互助化にあたるものであり、介護保険財源より、立ち上げ経費や活動経費に一定の助成が見込まれるものの、基本的に自費サービスである。担い手は「ボランティア主体」とされている（表4を参照）。

こうした事業枠組みをみれば、介護系NPOはA型、ボランティアはB型という棲み分けでいいような印象を受ける。しかし、A型とはB型拡大までの暫定的類型であって、数年後には廃止の方向にあるといわれている。[75]さらに、要支援者にとどまらず、今後「生活援助」が全面的に給付外化されて、地域支援事業へと移行することもありうる。[76]介護系NPOが従来のような、制度的サービスと助け合い活動との二本立てを今後も継続していくためには、雇用労働者が両方を担う現在の体制[77]では高コストとなることから、無償か低報酬でB型を担いうるボランティアを一定数確保しなければならない。それは、二〇〇〇年以降の多くの介護系NPOにとっては、容易なこととは言い難い。あるいは、専門職化をさらに推し進めて生活支援から手を引いて、身体介護により特化していく選択肢もある。しかしそれは、助け合い活動というアイデンティティから退出することを意味しているだ

②通所型サービス　　　　※市町村はこの例を踏まえて、地域の実情に応じた、サービス内容を検討する。

○通所型サービスは、現行の通所介護に相当するものと、それ以外の多様なサービスからなる。
○多様なサービスについては、雇用労働者が行う緩和した基準によるサービスと、住民全体による支援、保健・医療の専門職により短期集中で行うサービスを想定。

基準	現行の通所介護相当	多様なサービス		
サービス種別	①通所介護	②通所型サービスA（緩和した基準によるサービス）	③通所型サービスB（住民主体による支援）	④通所型サービスC（短期集中予防サービス）
サービス内容	通所介護と同様のサービス 生活機能の向上のための機能訓練	ミニデイサービス 運動・レクリエーション　等	体操、運動等の活動など、自主的な通いの場	生活機能を改善するための運動器の機能向上や栄養改善等のプログラム
対象者とサービス提供の考え方	○既にサービスを利用しており、サービスの利用の継続が必要なケース ○「多様なサービス」の利用が難しいケース ○集中的に生活機能の向上のトレーニングを行うことで改善・維持が見込まれるケース ※状態等を踏まえながら、多様なサービスの利用を促進していくことが重要。	○状態等を踏まえながら、住民主体による支援等「多様なサービス」の利用を促進		・ADLやIADLの改善に向けた支援が必要なケースなど ※3～6ケ月の短期間で実施
実施方法	事業者指定	事業者指定／委託	補助（助成）	直接実施／委託
基準	予防給付の基準を基本	人員等を緩和した基準	個人情報の保護等の最低限の基準	内容に応じた独自の基準
サービス提供者（例）	通所介護事業者の従事者	主に雇用労働者＋ボランティア	ボランティア主体	保健・医療の専門職（市町村）

③その他の生活支援サービス

○その他の生活支援サービスは、①栄養改善を目的とした配食や、②住民ボランティア等が行う見守り、③訪問型サービス、通所型サービスに準じる自立支援に資する生活支援（訪問型サービス・通所型サービスの一体的提供等）からなる。

（出典：厚生労働省老健局振興課「介護予防・日常生活支援総合事業の基本的な考え方（基礎資料・HP用）[81]」厚生労働省、8-9ページ（https://www.mhlw.go.jp/file/06-Seisakujouhou-12300000-Roukenkyoku/0000192996.pdf）［2019年2月25日アクセス］）

表4　介護予防・日常生活支援総合事業の概要

①訪問型サービス　　　※市町村はこの例を踏まえて、地域の実情に応じた、サービス内容を検討する。

○訪問型サービスは、現行の訪問介護に相当するものと、それ以外の多様なサービスからなる。
○多様なサービスについては、雇用労働者が行う緩和した基準によるサービスと、住民主体による支援、保健・医療の専門職が短期集中で行うサービス、移動支援を想定。

基準	現行の訪問介護相当	多様なサービス			
サービス種別	①訪問介護	②訪問型サービスA（緩和した基準によるサービス）	③訪問型サービスB（住民主体による支援）	④訪問型サービスC（短期集中予防サービス）	⑤訪問型サービスD（移動支援）
サービス内容	訪問介護員による身体介護、生活援助	生活援助等	住民主体の自主活動として行う生活援助など	保健師等による居宅での相談指導等	移送前後の生活支援
対象者とサービス提供の考え方	○既にサービスを利用しているケースで、サービスの利用の継続が必要なケース ○以下のような訪問介護員によるサービスが必要なケース （例） ・認知機能の低下により日常生活に支障がある症状・行動を伴う者 ・退院直後で状態が変化しやすく、専門的サービスが特に必要な者　等 ※状態等を踏まえながら、多様なサービスの利用を促進していくことが重要。	○状態等を踏まえながら、住民主体による支援等「多様なサービス」の利用を促進		・体力改善に向けた支援が必要なケース ・ADL・IADLの改善に向けた支援が必要なケース ※3～6ケ月の短期間で行う	訪問型サービスBに準じる
実施方法	事業者指定	事業者指定／委託	補助（助成）	直接実施／委託	
基準	予防給付の基準を基本	人員等を緩和した基準	個人情報の保護等の最低限の基準	内容に応じた独自の基準	
サービス提供者（例）	訪問介護員（訪問介護事業者）	主に雇用労働者	ボランティア主体	保健・医療の専門職（市町村）	

ろう。

ぐるーぷ藤の代表である鷲尾公子は、「今回の法改正は間違いなく〝NPOの出番〟と言える画期的なもの」であり、これをチャンスととらえて発展していけるモデルを示すことが必要だと述べている。[78] 同団体は、看護師、介護福祉士、社会福祉士、精神保健福祉士などの専門職を擁して介護保険や障害者総合支援法に基づく専門サービスを多数展開しながら、サービス付き高齢者住宅やコミュニティ・レストランも運営するなど、制度の内外にわたって大規模に事業を展開している。そしてこれらの事業には多くのボランティアが参加していて、行政が期待するボランティア育成システムとしても大きな成果をあげている。こうした団体にとって介護保険制度の再編は、専門職スタッフとボランティアスタッフの両方を駆使し、地域のさまざまな問題にコミットしうる絶好の環境の到来と受け取れるものだろう。

しかし介護系NPOのなかには、地域包括ケアシステム構想における、生活上の諸問題に対処する住民システムと、身体的な問題への対処に特化した専門職システムとの切り分けのビジョンに反発する声もある。たとえば、先にあげた、たすけあい大田はせさんずは、大田区の総合事業が「専門職ヘルパーのサービスからの卒業をめざし、地域の支え手（専門職ヘルパー以外）につないでいく」ことを目標としていることについて、その機関誌で「むしろ、一週間に一時間のヘルパー支援があってこそ、自宅で自立した生活が送れる」という批判的見解を示している。[79] また介護・福祉サービス非営利団体ネットワークみやぎは、仙台市の総合事業実施計画に対し、「資格を待たない高齢者にたいする期待が大きすぎます。必要な人材を確保できるか危惧されます」という意見を表明し、サービスの質を担保する施策を求めている。[80]

ただし、こうした批判や不安の声のほとんどは地域内に留め置かれているのが現状である。

おわりに

本章では、生活支援の互助化に向けた政策的取り組みの開始と助け合い活動の減少という反対の動向の進行過程を振り返り、この過程のもとで介護系NPOの収入規模と事業構造の分化が生じてきたことを示した。

二〇〇〇年代の助け合い活動は、住民グループ系団体の介護系NPO化を通して介護保険制度と密接に結び付き、制度の補完サービスとしての様相を強めていった。こうした状況に対して、介護系NPOの経済重視の傾向を指摘する声が高まった。たとえば、須田木綿子[82]からは、欧米のNPOでは商業化傾向が進んでいて、日本の福祉系のNPOでも「採算性重視の傾向」がみられるとの指摘があり、田中弥生からは「行政の下請け化[83]」という批判が投げかけられた。また渡戸一郎は「動員されつつあるのは、個々の活動者の「自発性」ばかりでなく、市民活動の「(サービス提供面での) 事業性」である」と指摘し、「行政が協働しうる「良いNPO」」の選別化、NPOの利益団体化、さらに選別され助成されることを自負するNPOの出現」などへの注意が必要[84]としている。

しかし、二〇〇〇年代初頭とは異なり、今日の福祉政策は、サービス提供や支援ではなく「互助」(正確には「自助・互助」) への期待を高めている。介護系NPOでは、このことに資する活動を展開しうることが、選別され助成される条件になっていると考えられる。そのため介護系NPOの分化には、展開する事業が政策への適合性をもつか否かが大きく関わっているといえる。

本章の第3節「「つながり」のはたらき——共有意識の形成」に示したように、新地域支援構想会議は、助け合い活動の固有性とは「つながり」のはたらきであり、だからこそ助け合い活動は、地域包括ケア政策が目指す互助の振興に参画すべきと呼びかけている。ここでいわれているように「助け合い活動」には「つながり」への指向がある。また、住参全国連絡会が「寄り添い」と表現するような個別性の高い関係性への指向も強い。しかし同会議が傘下の団体に求めているのは、地域支援事業の推進力である。[85]そして「つながり」の機能への期待は、今日では互助に向けられているといえるだろう。

アメリカ社会の人間関係の希薄化を社会関係資本という概念を通して分析したロバート・パットナムが、集団内部の人々同士の強い絆を「結束型(Bonding)」、未知の人々や集団のゆるやかなネットワークを「橋渡し型(Bridging)」と分類したことはよく知られている。[86]前述したように、介護系NPOのなかには、二つの「つながり」指向が混在する。パットナムの分類に照らせば、介護系NPOには「結束」指向と「橋渡し」指向があるということができる。地域包括ケア政策が期待するのは後者の指向である。

注

(1)前掲『平成十四年度 住民参加型在宅福祉サービス団体活動実態調査報告書』によれば、「住民互助型、ワーカーズコレクティブ、ファミリーサービスクラブ、NPOのいずれかの団体数は五六一団体、そのうち介護保険事業を行っている団体は一六〇団体」だが、ここに示された類型のうち、NPO法人格を取得しているのは二百五十四団体、そのうち二百二十四団体は住民互助型であることから、百六十団体の多くは住民互助型と考えられる。

(2)前掲『住民参加型在宅福祉サービス団体の組織類型別の推移』。社協運営型も二〇〇〇年には三百七十四団体、〇三年に四百四十七団体と増加している。

(3)同報告によると、一二年に全社協が把握した団体数は千九百三十八団体であり、全体数も減少している。

(4)内閣府「認証数推移 平成十一年九月~平成二十四年三月まで」「内閣府NPOホームページ・認証数(活動分野別)」(https://www.npo-homepage.go.jp/about/toukei-info/ninshou-bunyabetsu)[二〇一六年一月十八日アクセス]

(5)経済企画庁編「国民生活白書――ボランティアが深める好縁」第二千巻、大蔵省印刷局、二〇〇〇年、一三六―一三七ページ

(6)さわやか福祉財団『2001年度非営利活動バロメーター計画 NPO・住民互助型組織の定点調査報告書』さわ

やか福祉財団、二〇〇二年

（7）全国社会福祉協議会『平成十一年度 住民参加型在宅福祉サービス団体活動実態調査報告書』全国社会福祉協議会、二〇〇〇年

（8）前掲『社会福祉非営利組織の組織原理と運営実態についての動態的研究』一三四ページ

（9）全国社会福祉協議会『平成十六年度 住民参加型在宅福祉サービス団体活動実態調査報告書』全国社会福祉協議会、二〇〇六年、一五―一八ページ。収入については、二億七千六百万円の収入を得た団体もあったという報告がある（さわやか福祉財団編『福祉系ＮＰＯ・互助型団体の比較調査研究――アンケートによる実態調査から』さわやか福祉財団、二〇〇三年）。

（10）同調査で「ワーカーズ・コレクティブ」は、介護保険収入六〇・二％、助け合い活動収入三一・五％と報告されているが、サンプル数が少なく参考値扱いになっている。

（11）前掲『国民生活白書』一二九ページ

（12）労働政策研究・研修機構編『ＮＰＯの有給職員とボランティア――その働き方と意識』（「労働政策研究報告書」第六十巻）、労働政策研究・研修機構、二〇〇六年、一七九ページ

（13）佐伯幸雄／本郷秀和／鬼﨑信好「制度外サービスを実施する介護系ＮＰＯの六年間の変化――二〇〇三年度及び二〇〇九年度全国実態調査の比較検討を通じて」『日本社会福祉学会　第58回秋季大会　自由研究発表』二〇一〇年（http://www.jssw.jp/archive/archive/abstract/2010-58/independent-research/H12_1_1.pdf）［二〇一五年十二月一日アクセス］

（14）住民参加型在宅福祉サービス団体全国連絡会幹事会「地域福祉をすすめる市民福祉活動――住民参加型在宅福祉サービスの新展開に向けて」住民参加型在宅福祉サービス団体全国連絡会、二〇〇四年（http://scb43a48fd0a99fa2.jimcontent.com/download/version/1328773839/module/5714362758/name/DD_4326182657262 0.doc）［二〇一六年三月十三日アクセス］

（15）同文書は、連絡会加盟団体に向けて発せられている。

（16）妻鹿ふみ子「住民参加型在宅福祉サービス再考――「労働」と「活動」の再編を手がかりに」、京都光華女子大学

編「京都光華女子大学研究紀要」第四十八号、京都光華女子大学、二〇一〇年、一二八ページ

（17）二〇〇五年の介護保険改正では、要支援を1と2に区分し、それまでの要介護1のなかから比較的軽度な者を要支援2に移動させるとする「新予防給付」を創設した。

（18）前掲『平成十六年度 住民参加型在宅福祉サービス団体活動実態調査報告書』三〇ページ

（19）住民参加型在宅福祉サービス団体全国連絡会幹事会「介護保険改正／自立支援法施行を受けての住民参加型在宅福祉サービスの現状と今後のあり方（意見表明）」住民参加型在宅福祉サービス団体全国連絡会、二〇〇八年（http://www.sankagata.net/%E8%B3%87-%E6%96%99/%E6%84%8F%E8%A6%8B%E8%A1%A8%E6%98%8E/）［二〇一六年三月十二日アクセス］

（20）本郷秀和／荒木剛／松岡佐智／袖井智子「介護系NPOの現状と制度外サービス展開に向けた課題――平成二十一年介護系NPO全国実態調査における自由回答結果の整理を中心に」、人間社会学部紀要部会編「福岡県立大学人間社会学部紀要」第十九巻第二号、福岡県立大学人間社会学部、二〇一一年、七―九ページ

（21）厚生省老人福祉局長（老発四百七十五号）「介護予防・生活支援事業の実施について」

（22）ふれあい・いきいきサロンの全国設置数は、一九九七年には三千三百五十九カ所だったが、二〇〇〇年に一万三千百七十四カ所へと急増し、〇九年に五万二千六百三十三カ所となったと報告されている（全国社会福祉協議会「地域福祉の大きな推進力となる「ふれあい・いきいきサロン」の活動」「NORMA」第二百五十八号、地域福祉推進委員会、二〇一二年、四ページ〔http://www.zcwvc.net/app/download/6460597889/norma258_1207.pdf〕［二〇一五年一月二十八日アクセス］）

（23）全国社会福祉協議会／松山市社会福祉協議会『ふれあい・いきいきサロン 要綱・要領集』松山市社会福祉協議会、二〇一〇年（http://img01.ecgo.jp/usr/matsuyamawel/img/100330195640.pdf）［二〇一六年四月二十五日アクセス］

（24）全国社会福祉協議会「多様化し地域に根づく『ふれあい・いきいきサロン』」「NORMA」第百九十九号、地域福祉推進委員会、二〇〇六年、二―四ページ（http://www.zcwvc.net/app/download/5798878558/199.pdf）［二〇一五年一月二十八日アクセス］

（25）厚生労働省「介護予防・地域支え合い事業実態調査の結果（概要）」（厚生労働省全国高齢者保健福祉・介護保険担

当課長会議資料）（https://www.mhlw.go.jp/topics/kaigo/kaigi/040219/2-3c.html#beshi01）［二〇一八年十二月二十七日アクセス］

（26）厚生労働省「二〇一五年の高齢者介護――高齢者の尊厳を支えるケアの確立に向けて」（https://www.mhlw.go.jp/topics/kaigo/kentou/15kourei/3.html）［二〇一六年三月二日アクセス］

（27）「地域包括ケアシステム」とは、山口昇が、みつぎ総合病院を中心とした医療―保健―福祉の連携による在宅ケアの体制につけた名称である。ただし当時の地域包括ケアシステムとは、「地域包括医療―ケア」と概念される、急性期医療を中心としたものだった。連携づくりを主導した山口は次のように定義している（山口昇「在宅医療と地域包括ケアの展開」、佐藤智編集代表『在宅医療の展望』〔「明日の在宅医療」第一巻〕所収、中央法規出版、二〇〇八年、一八七ページ）。

○地域に包括医療を、社会的要因を配慮しながら継続して実践し、住民が住み慣れた場所で安心して生活できるようにそのＱＯＬの向上を目指すもの。

○包括医療・ケアとは治療（キュア）だけではなく保健サービス（健康づくり）、在宅ケア、リハビリテーション、福祉・介護サービスのすべてを包含するもので、施設ケアと在宅ケアとの連携および住民参加のもとに、地域ぐるみの生活・ノーマライゼーションを視野に入れた全人的医療・ケア。

○地域とは単なるAreaではなくCommunityを指す。

（28）島崎謙治「地域連携・地域包括ケアの諸相と本質」、佐藤智編集代表『在宅医療・訪問看護と地域連携』（「明日の在宅医療」第五巻）所収、中央法規出版、二〇〇八年、四―五九ページ。島崎は、医療分野での地域包括ケアシステムの先駆事例を「基幹病院中心型モデル」と「ネットワーク型モデル」に大別している。前者は公立みつぎ総合病院のように「地域における基幹的病院が、高次の医療から介護・福祉系統の施設等を保有し、医療・介護・福祉の地域包括ケアシステムを指向・実践している」例を指す。後者は、多様なイニシアティブ（主治医、地区医師会、急性期病院など）が行政・福祉団体・市民団体などと連携ネットワークを結んでシステムを構築していくものであり、尾道市、市川市、静岡市などでみられるという。

（29）在宅介護支援から介護予防へのシフトにともなって新設された機関であり、在宅介護支援センターの統廃合が同時に進められた。

(30) 社会保障の在り方に関する懇談会「今後の社会保障の在り方について――「社会保障の在り方に関する懇談会」報告書（概要）」二〇〇六年（https://www5.cao.go.jp/keizai-shimon/minutes/2006/0531/item7.pdf）［二〇一五年三月二日アクセス］。「自ら働いて自らの生活を支え、自らの健康は自ら維持するという「自助」を基本として、これを生活のリスクを相互に分散する「共助」が補完し、その上で、自助や共助では対応できない困窮などの状況に対し、所得や生活水準・家庭状況などの受給要件を定めた上で必要な生活保障を行う公的扶助や社会福祉などを「公助」として位置付ける」とした。

(31) 厚生労働省医政局総務課長／厚生労働省老健局総務課長／厚生労働省保健局総務課長「地域ケア体制の整備に関する基本指針について」厚生労働省、二〇〇七年（http://www.pref.mie.lg.jp/common/content/000028085.pdf）［二〇一五年三月二日アクセス］

(32) 前掲「地域包括ケア研究会報告書」二〇〇九年

(33) 同報告書六ページ

(34) 同報告書七ページ

(35) 社会保障審議会介護保険部会「介護保険制度の見直しに関する意見」厚生労働省、二〇一〇年（http://www.mhlw.go.jp/stf/shingi/2r9852000000xkzs-att/2r9852000000xl19.pdf）［二〇一六年四月二十五日アクセス］

(36) 厚生労働省老健局長（老発千二百二十二第二号）「地域支え合い体制づくり事業」「介護基盤緊急整備等臨時特例交付金の運営について　別記2」二〇一〇年（http://mow.jp/pdf/SKMBT_C35311012111100.pdf）［二〇一五年三月二日アクセス］

(37) 厚生労働省老健局振興課長（老振発〇九三〇第一号）「介護予防・日常生活支援総合事業の基本的事項について」二〇一一年（https://www.kaigotsuki-home.or.jp/assets/img/register/news0644_1.pdf）［二〇一五年三月二日アクセス］

(38) この事業は予防サービス、生活支援サービス、ケアマネジメントによって構成されるとし、生活支援サービスの内容として、①栄養改善を目的とした配食、②自立支援を目的とした定期的な安否確認・緊急時対応、③地域の実情に応じながら予防サービスと一体的に提供されることによって、介護予防・日常生活支援に資するサービス、をあげている。ただし三菱総合研究所の調査報告書によると、この事業を財源として、全国の介護保険者の六二・八%は「成年後見制度利用支援（中立に要する経費等の助成）」を実施していたが、「配食サービス（見守り支援）」の実施は四五・七%、「見守り支援体制の構築（ネットワーク等）、支援の実施（声かけ、訪問等）」の実施は一四・七%、「輸送サービス（交通費の助成を含む）」の実施は一・五%にとどまっていたという。地域支援事業が、介護保険者である全国の市区町村で生活支援の拡充に大きく寄与したとは到底みることができない。三菱総合研究所『地域支援事業の実態及びその効果に関する調査研究事業報告書』平成二十五年度老人保健事業推進費等補助金老人保健健康増進等事業、三菱総合研究所、二〇一三年、六五ページ（https://www.mri.co.jp/project_related/roujinhoken/uploadfiles/h25/h25_05.pdf）［二〇一五年三月二日アクセス］

（39）前掲「地域包括ケアシステムの構築における今後の検討のための論点」二―五ページ

（40）ボランティア活動の組織化経験者を主とするボランティア振興のためのボランティアスタッフ。養成研修を受け、終了後に委嘱されるという（「さわやかインストラクター委嘱について」［https://www.sawayakazaidan.or.jp/jigyou/chiikinetwork/instructor.html］［二〇一八年十月七日アクセス］）。

（41）「地域包括ケアの町」の取り組みについては、二〇一二年以降のさわやか福祉財団機関誌「さあ、言おう」を参照のこと。

（42）社会保障制度改革国民会議「社会保障制度改革国民会議報告書――確かな社会保障を将来世代に伝えるための道筋」首相官邸ウェブサイト、二〇一三年（http://www.kantei.go.jp/jp/singi/kokuminkaigi/pdf/houkokusyo.pdf）［二〇一四年三月二日アクセス］

（43）堀田力「私たちで軽度者を引き受けよう」「さあ、言おう」二〇一三年九月号、さわやか福祉財団、二―五ページ

（44）新地域支援構想会議には、さわやか福祉財団、市民福祉団体全国協議会、住民参加型在宅福祉サービス団体全国連絡会、全国移動サービスネットワーク、全国社会福祉協議会、全国農業協同組合中央会、全国老人給食協力会、全国老人クラブ連合会、宅老所・グループホーム全国ネットワーク、地域ケア政策ネットワーク、長寿社会開発センター、日本NPOセンター、日本生活協同組合連合会の十三団体が参加し、シルバーサービス振興会がオブザーバーとして参加した。

（45）新地域支援構想会議「新地域支援構想」さわやか福祉財団、二〇一四年（https://www.sawayakazaidan.or.jp/new_community_support_project/data/20140620_project.pdf）［二〇一四年十月二十五日アクセス］

（46）同資料五ページ

（47）前掲「地域福祉をすすめる市民福祉活動」

（48）住民参加型在宅福祉サービス団体全国連絡会「住民参加型在宅福祉サービス団体全国連絡会のあり方」二〇一七年（https://www.sankagata.net/全国連絡会とは/全国連絡会のあり方/）［二〇一八年三月十二日アクセス］

（49）全国社会福祉協議会地域福祉部全国ボランティア活動振興センター編『住民参加型在宅福祉サービス活動実践事例集――助け合いの新しいかたち』全国社会福祉協議会地域福祉部全国ボランティア活動振興センター、二〇〇六年、一三ページ

（50）「市町村に任される生活支援サービス――要支援者へのサービスを地域でどう手当てしていくか」「百日草」第二十三号、たすけあい大田はせさんず、二〇一四年、八ページ（http://hasesanz.com/wp/wp-content/uploads/2014/11/2014.7.17-%E7%99%BE%E6%97%A5%E8%8D%891.pdf）［二〇一五年三月二十五日アクセス］

（51）安立清史「高齢者支援とＮＰＯ――介護保険のもとでのＮＰＯの展開」、北海道社会学会編「現代社会学研究」第十六号、北海道社会学会、二〇〇三年、九ページ。九州大学人間環境学研究院安立研究室が二〇〇一年十一月におこなったアンケート調査結果を中心に、訪問調査、聞き取り調査などの結果をもあわせて、介護保険制度発足後の介護系ＮＰＯの変化を分析した。アンケート調査の対象は〇一年六月末日現在に介護保険指定事業者だった全ＮＰＯ法人五百六十五団体。そのうち、有効回答は百九十五団体。

（52）全国コミュニティライフサポートセンター『平成二十一年度 ＮＰＯによる地域支援に関する調査報告書』全国コミュニティライフサポートセンター、二〇一〇年（http://www.clc-japan.com/research/npo_research_09/pdf/1_report.pdf）［二〇一七年八月七日アクセス］

（53）労働政策研究・研修機構編『ＮＰＯ法人の活動と働き方に関する調査（団体調査・個人調査）――東日本大震災復興支援活動も視野に入れて』（「ＪＩＬＰＴ調査シリーズ」第百三十九巻）、労働政策研究・研修機構、二〇一五年（https://www.jil.go.jp/institute/research/2015/documents/0139.pdf）［二〇一七年八月七日アクセス］

（54）市民福祉団体全国協議会『「市民参加による生活支援サービスを活用した地域包括ケアを推進する体制の整備に関する調査研究事業」報告書』市民福祉団体全国協議会、二〇一四年。対象は市民協参加団体と協力団体の参加団体六百九十三団体であり、うち三百十六団体から回答を得ている。回答団体の一一・三%は、社会福祉法人、医療法人、株式会社、共同組合、その他法人である。

（55）内閣府大臣官房市民活動促進課『平成二十一年度 市民活動団体等基本調査報告書（特定非営利活動法人の資金調達に関する調査）』内閣府、二〇一〇年、四三―四五ページ（https://www.npo-homepage.go.jp/uploads/h21kihonchousa-all.pdf）［二〇一五年七月二日アクセス］

（56）田中弥生／栗田佳代子／粉川一郎「NPOの持続性と課題――財務データベース分析から考える」、日本NPO学会編集委員会編「ノンプロフィット・レビュー――日本NPO学会機関誌」第八巻第一号、日本NPO学会、二〇〇八年、三三―四八ページ（(https://www.jstage.jst.go.jp/article/janpora/8/1/8_1_33/_pdf）［二〇一五年三月二十五日アクセス］、石田祐「NPO法人における財源多様性の要因分析――非営利組織の存続性の視点から」、日本NPO学会編集委員会編「ノンプロフィット・レビュー――日本NPO学会機関誌」第八巻第二号、日本NPO学会、二〇〇八年、四九―五八ページ（https://www.jstage.jst.go.jp/article/janpora/8/2/8_2_49/_pdf）［二〇一五年三月二十五日アクセス］。ただし石田は、事業規模が一定水準を超えると、少数の財源に集中することも推察されるとしている。

（57）前掲「高齢者支援とNPO」一一―一五ページ

（58）「居場所」とは、明確な定義があるわけではなく、不特定多数の人々が自由に集うことができる空間につけられた呼び名であり、その源流としては、一九九〇年代から登場するミニ・デイサービスや宅老所などの制度外の通所サービス、ふれあい・いきいきサロンをあげることができる。前述したように、ふれあい・いきいきサロンは自治会、町内会、民生委員など、助け合い活動の主力とは異なる担い手によって担われてきた「居場所」事業だが、二〇〇三年から急増しているコミュニティカフェの運営主体の約四〇%はNPO法人だと報告されている（大分大学福祉科学研究センター『コミュニティカフェの実態に関する調査結果［概要版］』大分大学福祉科学研究センター、二〇一一年［http://www.hwrc.oita-u.ac.jp/machiokoshi/pdf-files/06-02-Text_2011_2.pdf］［二〇一五年三月二十五日アクセス］）。また、〇九年にはWACがコミュニティカフェ全国連絡会を立ち上げ、さわやか福祉財団が「ふれあいの居場所普及サミット」の開催を始めている。
(59) ＮＰＯ法人の過去三年間の財務資料は「内閣府ＮＰＯポータルサイト」(https://www.npo-homepage.go.jp/) で閲覧・ダウンロードできる。
(60) 前掲『住民参加型在宅福祉サービス調査報告書 平成二年度』
(61) 前掲「ＮＰＯ法人における財源多様性の要因分析」五五ページ
(62) 馬場英朗／山内直人「ＮＰＯ法人の収入構造と成長パターン――全国データベースによる財務指標分析から」「大阪大学経済学」第六十巻第四号、大阪大学大学院経済学研究科、二〇一一年、五二―六四ページ
(63) 全国社会福祉協議会『平成二十年度 住民参加型在宅福祉サービス団体活動実態調査報告書』全国社会福祉協議会、二〇〇九年、二四―三一ページ
(64) 全国社会福祉協議会『平成二十二年度 住民参加型在宅福祉サービス団体活動実態調査報告書』全国社会福祉協議会、二〇一一年、一四―一五ページ
(65) 全国社会福祉協議会『平成二十四年度 住民参加型在宅福祉サービス団体活動実態調査報告書』全国社会福祉協議会、二〇一四年、五六―五七ページ
(66) 全国社会福祉協議会『平成二十八年度 住民参加型在宅福祉サービス団体活動実態調査報告書』全国社会福祉協議会、二〇一九年、八三―八四ページ
(67) 衆議院ウェブサイト「地域における医療及び介護の総合的な確保を推進するための関係法律の整備等に関する法律」(http://www.shugiin.go.jp/internet/itdb_housei.nsf/html/housei/18620140625083.htm)［二〇一八年五月二十八日アクセス］
(68) 前掲『「市民参加による生活支援サービスを活用した地域包括ケアを推進する体制の整備に関する調査研究事業」報告書』一八ページ
(69) 社会保障審議会介護保険部会（第六十回）「軽度者への支援のあり方」厚生労働省、二〇一六年 (https://www.mhlw.go.jp/file/05-Shingikai-12601000-Seisakutoukatsukan-Sanjikanshitsu_Shakaihoshoutantou/0000130768.pdf)［二〇一八年一月十日アクセス］

（70）訪問介護の行為類型は、介護保険制度創設時には「家事援助」と「身体介護」に区分され、「家事援助中心型」「身体介護中心型」「複合型」の三つのサービス類型が設けられた。その後二〇〇三年の報酬改定時に「家事援助」が「生活援助」へと名称変更され、「複合型」が廃止された。

（71）住民参加型在宅福祉サービス団体全国連絡会幹事会「介護保険制度・報酬の見直しに係る意見書」二〇一〇年（https://www.sankagata.net/%E8%B3%87-%E6%96%99/%E6%84%8F%E8%A6%8B%E8%A1%A8%E6%98%8E/リンクのPDF）［二〇一八年三月十二日アクセス］

（72）住民参加型在宅福祉サービス団体全国連絡会幹事会「介護保険制度の見直しに係る意見書」二〇一三年（https://www.sankagata.net/%E8%B3%87-%E6%96%99/%E6%84%8F%E8%A6%8B%E8%A1%A8%E6%98%8E/リンクのPDF）［二〇一八年三月十二日アクセス］

（73）住民参加型在宅福祉サービス団体全国連絡会幹事会「介護保険制度の見直しに係る意見書」二〇一五年（https://www.sankagata.net/%E8%B3%87-%E6%96%99/%E6%84%8F%E8%A6%8B%E8%A1%A8%E6%98%8E/リンクのPDF）［二〇一八年三月十二日アクセス］

（74）厚生労働省老健局長（老発〇六〇五第五号）「介護予防・日常生活支援総合事業のガイドラインについて」二〇一五年（http://www.mhlw.go.jp/file/06-Seisakujouhou-12300000-Roukenkyoku/0000088520.pdf）［二〇一六年四月二十五日アクセス］

（75）堀田力／服部真治「対談　新地域支援事業の挑戦Ⅱ――助け合いを広める鍵と方策」「さあ、言おう」二〇一六年五月号、さわやか福祉財団、二―五〇ページ

（76）二〇一五年に閣議決定された「経済財政運営と改革の基本方針二〇一五について」にはそうした方向をすでに示唆している。内閣府「経済財政運営と改革の基本方針二〇一五について」内閣府、二〇一五年（http://www5.cao.go.jp/keizai-shimon/kaigi/cabinet/2015/2015_basicpolicies_ja.pdf）［二〇一六年三月二日アクセス］

（77）『平成二十四年度住参調査報告』によれば、「助け合い活動と介護保険事業の両方を行っている場合の担い手の区別」をおこなっている住民グループ系団体は一〇％以下である。

（78）「市民力を生かすチャンス到来　ぐるーぷ藤（藤沢市）総合事業でモデル開始　長年の活動ベースに」「シルバー新

報」二〇一五年一月一日付、八面

（79）たすけあい大田はせさんず「はせさんずニュース」第八十号、たすけあい大田はせさんず、二〇一八年

（80）介護・福祉サービス非営利団体ネットワークみやぎ「仙台市『介護予防・日常生活支援総合事業（新しい総合事業）』への意見・要望書」「ＮＰＯ法人 介護・福祉サービス非営利団体ネットワークみやぎ」第六十四号、介護・福祉サービス非営利団体ネットワークみやぎ、二〇一六年（https://www.kaigonet-miyagi.jp/pdf/newspaper%20pdf/vol.64.pdf）［二〇一七年三月十二日アクセス］

（81）厚生労働省ウェブサイトの「総合事業（介護予防・日常生活支援総合事業）」のページに「総合事業の概要」としてリンクされている。

（82）須田木綿子「公的対人サービス領域における行政役割の変化と「ＮＰＯ」」、福祉社会学研究編集委員会編「福祉社会学研究」第二号、福祉社会学会、二〇〇五年、六二―六四ページ

（83）田中弥生『ＮＰＯが自立する日――行政の下請け化に未来はない』日本評論社、二〇〇六年。田中によれば、「下請け化」とは「行政からの安易な委託の仕事を続けてゆくうちに、次第に活動の大半を行政からの仕事で占めるようになり、その結果、ＮＰＯとしての自発性、自由な発想や想像力を失っていくこと」だという。

（84）渡戸一郎「動員される市民活動？――ネオリベラリズム批判を超えて」、関東社会学会機関誌編集委員会編「年報社会学論集」第二十号、関東社会学会、二〇〇七年、三三ページ

（85）二〇一五年の介護保険制度改定によって、「生活支援サービスコーディネーター」（＝地域支え合い推進員）と「協議体」の設置が自治体に義務づけられた。「地域における生活支援サービスのコーディネーターの育成に関する調査研究事業報告書」（日本能率協会総合研究所、二〇一四年、八―一二ページ）によれば、「生活支援サービスコーディネーター」とは、「高齢者の生活支援・介護予防の基盤整備を推進していくことを目的とし、地域で、生活支援等サービスの提供体制の構築に向けたコーディネート機能を果たす者」であり、①担い手やサービスの開発、組織化し活動を広げ、担い手をサービスにつなげる、②支援者間のネットワーク化、③地域のニーズと地域資源のマッチング、などの役割が期待されている。また「協議体」とは、市町村が主体となり、「地域における生活支援等の担い手（ＮＰＯ、社会福祉法人、社会福祉協議会、地縁団体、協同組合、民間企業等）」が参画することによって成立する「定

期的な情報共有及び連携強化の場として、中核となるネットワーク」だという。

（86）Robert D. Putnam, *Bowling Alone: The Collapse and Revival of American Community*, Simon & Schuster, 2000.（ロバート・D・パットナム『孤独なボウリング――米国コミュニティの崩壊と再生』柴内康文訳、柏書房、二〇〇六年）

第5章　助け合い活動の史的展開の分析と考察

はじめに

本章では、第1章から第4章までを通じて示してきた助け合い活動の一九七〇年代から二〇〇〇年代にかけての変化の過程を、サイクル論の分析枠組みに沿って整理する。そのうえで助け合い活動のサイクルに関わってきた条件を確認し、この条件が介護系ＮＰＯに生じたレパートリー変化にどのように関わってきたのかを考察したい。

その前にここでまず助け合い活動の史的展開を要約しておく。

助け合い活動とは「会員制・有償制のボランティアによる生活支援」という活動様式であり、一九七〇年代後半の公的福祉供給が、高齢化の進行にもかかわらず後退するなかで、主婦を中心とする住民グループが、自分たちに展開可能な社会変革の方法として選択したものである。

この方法は、一九八〇年代には、有償ボランティアという概念とともに住民グループ系団体に受け継がれ、同時に、福祉改革の政策勢力による後押しのもと、多様な主体へと普及していった。八〇年代末から、地域福祉推進勢力の中核を担った全社協が、この活動様式を「住民参加型在宅福祉サービス」と規定し、活動団体の全国的な連絡調整の活動を開始した。九〇年代にはこれに加え、さわやか福祉財団を筆頭とする市民活動推進勢力が新たな支援勢力として登場し、広範な担い手の養成とネットワーク形成を進めた。その背後では社会福祉基礎構造改革が進行した。

一九九〇年代半ば、介護保険制度成立に向けた準備が本格化するなか、阪神・淡路大震災を契機としてボランティアへの注目が高まった。このことを追い風として勢いを増したＮＰＯ法制定運動には、住民グループ系団体も積極的に関与していった。そして九〇年代末に介護保険法とＮＰＯ法が成立した。それにともない二〇〇〇年代には、この二つの法制度によって、住民グループ系団体の多くはＮＰＯ法人化し、介護保険事業に参入した（介護系ＮＰＯ化）。このことには、利用者の便宜を図ろうとする意図と、制度を内側から改良していこうとする意図が含まれていた。

しかし二〇〇〇年の介護保険制度開始以降、制度的な規制の強まりとともに、助け合い活動は介護保険の補完サービスへと変質し、助け合い活動をおこなう住民グループ系団体は減少した。他方、政策サイドでは、全社協が組織化を進めてきたサロン活動などから、新たな助け合いへの関心が高まった。その後一〇年代に入ると地域包括ケアシステム構想に基づく介護保険制度再編が進み、新たな助け合いの拡充による生活支援の互助化が推し進められている。助け合い活動団体の母体組織や中間支援団体からなる新地域支援構想会議は助け合い活動を互助と同型のものとする方向を打ち出していて、介護系ＮＰＯは今後の方向選択をめぐる岐路に立たされている。

本章が対象とするのは以上の経過である。

1　助け合い活動のサイクル

序章の第2節で述べたように、サイクル論とは、社会運動における、動員が波のように高揚し、やがて衰退していく過程にみられる「たたかいの政治」を「政治的機会」「フレーミング」「動員構造」「レパートリー」という複数の概念を通して検討する研究アプローチである。その提唱者であるタローによれば、「たたかいのサイクル」は、たたかいの発生から高揚に向かう「動員局面」と、高揚から衰退へと向かう「動員解体局面」から構成されるという(1)。また、先駆的な動員が高揚へといたる過程、もしくは高揚から衰退へ向かう過程には、次のようなメカニズムがみられるという。ここでいう「メカニズム」とは、運動のプロセスで進行する認識の変化や関係の生成に関する一般的な傾向を意味している。

【動員局面】

①挑戦者が支持者を引き付ける革新的な集合行為を始める。
②政治システムの反応と挑戦者の強みに関する情報が多様な回路を通じて広がる。
③動員力の高い集団だけでなく、動員資源に乏しい集団も挑戦に参加する。
④レパートリーの革新が進む。
⑤新しい、もしくは転換したフレームが生み出される。
⑥新旧の組織や、新たな支持者へと挑戦への参加が広がる。
⑦情報の流通が活発化し、政治システムと挑戦者、あるいは挑戦者間の相互作用が増加する。
⑧挑戦者が動員しうる資源量が増加し、挑戦者に状況の好転がもたらされる。

【動員解体局面】
⑨政治システムが抑圧的あるいは促進的な対応によって挑戦者をコントロールしようとする。
⑩挑戦者に疲弊が広がり、動員が低下する。
⑪挑戦者内に、急進派（秩序破壊的な動き）と運動の制度化を指向する制度派とが同時に現れ、分派が生じる。

こうしたサイクル論の知見によって助け合い活動の経過をサイクルとして整理し、そこにはたらくメカニズムを分析したものが表5である。助け合い活動は一九七〇年代後半から動員局面に入り、九〇年代後半から二〇〇〇年代はじめにかけて動員のピークを迎え、その後急速に動員解体局面に移り、この局面が今日まで段階的に進行してきたとみることができる。

2　助け合い活動の外的条件——政治的機会

序章で説明したように、社会運動研究で政治的機会とは「諸集団が、権力にアクセスし、政治システムを操作できそうな程度」「集合行為への誘因を与えるような、政治環境の一貫したさまざまな次元」として概念化されてきた。またデイヴィッド・メイヤーとデブラ・ミンコフ(2)は、政治的機会の考え方には、これを構造ととらえるモデルと、シグナルととらえるモデルとの二つがあると指摘している。前者で政治的機会とは、運動による政治システムへのアクセスに影響する政策や制度の実態的変化であり、後者では、主体によって感知された好機だと理解することができる。

つまり政治的機会とは、運動サイドの諸勢力と政策サイドの諸勢力が、政治環境の変動を、それぞれの目標達成にとっての好機として受け止め、運動へと人々を動員することで、実態的な変化を獲得していく、そのような

表5　助け合い活動のサイクルとメカニズム

サイクル	年代	メカニズム
動員局面	1970年代後半	*「助け合い活動」の開始。
		* 人脈による情報の伝播。 * マスコミによる情報の伝播。 * 組織・機関間の情報の伝播。
	1980年代	* 後続の住民グループ系団体の参加。 * 行政系団体の参加。
		*「有償ボランティア」の普及。 * 福祉改革勢力の後押し。 * 福祉系アカデミズムの肯定的評価。 *「助け合い」言説の普及。
	1990年代	* 住民参加型在宅福祉サービス団体全国連絡会の発足。 * 行政系団体の拡大。
		* さわやか福祉財団が「助け合い活動」の支援開始。 * 市民福祉団体全国協議会が支援開始。 *「市民活動」言説の開始。 *「住民参加型在宅福祉サービス」の政策課題化。 * 住民グループ系団体の拡大。
		* 地域的ネットワークによる行政との接触の拡大。 * 全国ネットワークによる政策サイドとの接触の拡大。 * 住民グループ系団体におけるサービス提供体制の強化。
		* ボランティアへの注目の高まり。 * NPO 法制定運動における動員拡大。 * 住民グループ系団体の NPO 法人化。
		* 住民グループ系団体数がピークへ。
動員解体局面	2000年代	* 住民グループ系団体の介護保険事業者化。 * 社会福祉基礎構造改革の収束。 * 介護の市場化の進展と規制の強化。
		*「助け合い活動」の補完サービス化。 * 担い手の疲弊。 * 住民グループ系団体の減少。
		* 地域包括ケア政策への市民活動推進勢力の関与。 *「新たな助け合い」への注目。
		* 介護系 NPO の分化。 *「助け合い活動」再編の動き。

条件である。運動サイドにとっての好機とは、先駆的な集団による効果的なたたかい方に刺激を受けた後続集団が、そのたたかい方を模倣したり改良したりすることで、自己の目標達成を期待する状況である。一方、政策サイドにとっての好機とは、政治システム内部の官僚や政治家が、運動の進展のなかに、自らの立場を有利にする可能性を見いだしていくことを指している。そして、それらの主体の相互作用が生み出す諸変化が、前節で示したメカニズムだと解釈できる。

表6　年代ごとにみる助け合い活動の政治的機会

年代	政治的機会
1970年代後半	＊公的福祉供給の後退。 ＊「コミュニティ・ケア」への注目。 ＊ボランティア活動振興政策の活発化。
	＊学識者や専門機関の支援。 ＊マスコミの注目。
1980年代	＊福祉改革勢力における在宅福祉サービス振興の気運。
	＊福祉改革勢力による直接的後押し。 ＊全社協の関与の開始。
1990年代	＊社会福祉基礎構造改革の開始。 ＊福祉政策の「在宅福祉」へのシフト。
	＊行政との接点の拡大。
	＊市民活動推進勢力が媒介したNPO法制定運動との接点。 ＊ボランティアへの社会的注目。
	＊介護保険制度の成立。 ＊ボランティア振興を目標とする市民活動推進勢力による支援の開始。
2000年代	＊社会福祉基礎構造改革の収束。 ＊介護市場への参入業者の拡大。
	＊「新しい助け合い」の振興。
	＊新地域支援構想会議の呼びかけ。

　表6は、助け合い活動の背景をなす福祉政策と、それに関連する環境から政治的機会にあたる条件を要素的に抽出したものである。一九八〇年代から九〇年代にかけての政治的機会はもっぱら、政策サイドで福祉改革を図る勢力が関わるものだった。そして福祉改革を図る勢力にとって助け合い活動の後押しは、在宅福祉サービスの振興という目標と密接に結び付いていたといえる。しかし九〇年代後半、ボランティアへの注目が高まっていく過程で、市民活動推進勢力が関与する政治的機会が増加していった。市民活動推進勢力にとって助け合い活動の支援は、ボランティア活動の振興という目標と不可分だといえる。したがって、助け合い活動に関わる政治的機会は、在宅

福祉サービス関連のものからボランティア振興関連のものへとシフトしたとみることができる。ただし新地域構想会議が政治的機会となりえるか否かは、団体のあり方によって大きく分かれるところだろう（第4章第5節を参照のこと）。

3　助け合い活動の内的条件――動員構造とフレーミング

序章で示したように、社会運動研究でフレーミングとは「潜在的な支持者や構成員を動員するために、関連する出来事や状況に意味や解釈を与える過程」と定義している。それは、運動参加者をどのように結束させ、同じ方向へと動員していけるかを左右する意味的要素とみることができる。一方「動員構造」について社会運動研究は、「人々が動員され集合行為に結びつくための集合的手段」としている。つまり動員構造とは、運動の資源（物質的、人的、情報）調達と運用のあり方を指している。助け合い活動の史的展開が示す一連の経過では、両者の条件の変化をどのようにとらえることができるのだろうか。表7は、変化のポイントをまとめたものである。

フレーミング

一九七〇年代の小金井老後問題研究会、杉並・老後を良くする会、ユー・アイ協会はいずれも、地域での高齢者ケア問題の解決を模索し、会員制・有償性のホームヘルプという助け合い活動の方法にたどりついた。それは、従来的な社会運動の方法とは異なる方法の発見でもあった。従来的な社会運動の方法とは、「何々をせよ」「何々をつくれ」という、請願や署名などの要求行動である。それに対して、新たに発見された方法とは、女性たちが協力し合うことによって、高齢者が置かれた状況に直接関与する行動だった。助け合い活動の出発点は、こうした連帯の力への期待であった。

一九八〇年代になると、「助け合い」という文言が広く使われるようになった。福祉系アカデミズムは助け合い活動を、地域の新たな「互酬」の仕組みととらえた。しかし「助け合い」とは、担い手と受け手との平等性を担保するために考案されたいわば方便であり、担い手は、この文言を文字どおりに受け取って参加していたわけではない。担い手に広く共有されていたのは「地域を変える」という目標だった。

一九九〇年代には、全社協が「住民参加型在宅福祉サービス」を「有償ボランティア」に代わる名称とし、「住民参加」という文言が政策的に流布された。しかし、住民グループ系団体の意識は依然として「有償ボランティア」であった。担い手たちには、自分たちの活動は報酬のためではないという自己認識が強くあったからである。この認識を大きく変化させたのは「市民活動」というアイデンティティである。NPO法人化の際には多くの団体が定款に「地域づくり」をミッションとして書き込んだ。介護保険制度の発足を目前にして、住民グループのなかでは、変革者としての気概も高まっていただろう。

しかし二〇〇〇年代以降は、市民活動としての意識や意欲が希薄化した。この状況の打開を狙って打ち出したのが「つながり」という新たなフレームである。このフレームは、助け合い活動が伝統的に維持してきた結束型のつながり指向をとらえたものであり、助け合い活動を生活支援の互助化に参画するよう動機づけている。ただし、参画が期待されているのは、橋渡し型ネットワークを構築できる団体であって、結束型指向の介護系NPOは、このフレーミングによって生活支援の互助化への参画を動機づけられたとしても、実際には、役割取得が困難な立場に置かれている。

動員構造

一九七〇年代に登場した先駆的な前述の三つのグループは、いずれも小規模な学習サークルから出発していた。助け合い活動の開始以降もそうした性格を継承し、動員は、人脈を通じた自然発生的なものだった。しかし八〇年代には「運動と事業の二重構造」の構築によって、運動に参加するボランティアから事業の担い手の調達を図

表7　運動組織のフレーミングと動員構造の年代別変化

年代	フレーミング	動員構造
1970年代後半	女性たちが協力し合うことによって、自分たちが住む地域における、福祉の問題状況を変革する。	人脈を通じた人的資源の調達。
1980年代	「助け合い」が地域を変える。	事業と運動の二重構造によるボランティア資源の調達。
1990年代	地域づくりの「市民活動」。	ネットワークによる情報の共有、事業の専門職化と多角化によるサービス事業者としての事業運営体制の整備。
2000年代	「つながり」のはたらき。	事業と財源を多様化し、「ボランティア育成システム」として機能しうる大規模団体と、訪問系サービスを中心とする小規模団体への分化。

った。九〇年代に入ると、ネットワークを地域レベル、全国レベルで形成し、これを通じて助け合い活動の標準的な運営メソッドが普及した。行政からの事業委託が増大し、住民グループ系団体では事業の専門職化と多角化が進んだ。

二〇〇〇年代には住民グループ系団体がNPO法人化して制度サービスに参入した。組織内の人間関係は雇用関係を基礎としたものになり、モノと人の両面で、運動の資源調達源としての意味が減少した。ボランティアスタッフがいない団体も現れた。こうしたなかで助け合い活動の補完サービス化が進み、担い手は有償ボランティアから、常勤・非常勤・パート職員へと変化した。

しかしこのような過程と並行して、多様な財源を確保して事業を拡大し、大規模化する団体が台頭した。こうした団体は広いネットワークをもち、幅広いボランティア動員を可能とする事業も展開することができる。ただし訪問系サービスを中心とする小規模団体も依然として多く、事業構造の分化が進行してきたといえるだろう。

4　介護系NPOのレパートリー変化

サイクル論は、運動の変化に関わる概念としてもう一つ、「レパートリー」をあげている。本節では、この観点から介護系NPOの変化を分析する。

「レパートリー」とは、序章の第2節で示したように、運動組織が自らの内的条件に基づき、どのような方法を選択して外的条件にはたらきかけたのかをとらえようとする概念である。つまり、運動組織による「たたかいの政治」のうち、具体的な行動として表出された要素に注目したものが「レパートリー」概念である。この観点によれば、助け合い活動の変化とは、運動組織の「たたかいの政治」の表現にほかならない。

ただし、サイクル論は、デモ行進やキャンペーンなどの抗議活動を研究の焦点としていて、助け合い活動にみられるような長期にわたる運動の変化をとらえうる研究成果を示していない。また、序章で示したクロスリーの三つの示唆は、①紛争の場によって、価値のある戦術や資源は異なる、②運動にとって何が好機となるかは、活動者のハビトゥス（行動性向）やもてる資本に左右される、③異議申し立ては、正当化や説明責任を果たしうる行為者に向けられているかぎりで価値がある、というものだった。これをふまえるならば、「レパートリー」へと表出される「たたかいの政治」は、運動組織の内外にわたる諸条件を判断し、何を当面の目標としうるかを吟味したうえで、そのやり方を選択していく、というかたちで展開されると考えることができる。

そこで序章の第2節で述べたとおり、本節では、「新しい社会運動」に特徴的なレパートリーの可変性を示したクリージの「新しい社会運動のレパートリー変化モデル」（序章第2節の図2を参照）を通して、助け合い活動のレパートリー変化を「たたかいの政治」の展開という観点から分析することにする。

このモデルは、運動戦略と資源構造という二軸によって構成される。縦軸は運動戦略であり、運動組織の外的条件にあたる政治的機会に関わる条件である。たとえば、一九六〇年代から九〇年代の住民運動での変化と政治的機会構造[3]との関連を分析した樋口らは、七〇年代には、住民運動組織の政治的機会構造は全体として閉鎖し、当局に要求するための制度的な回路を得た組織以外は、当局指向の戦略を採用できなくなったと指摘[4]している。これは、運動組織での対当局指向からの戦略転換の事例である。

横軸は、「フレーミング」「動員構造」という内的条件に関わる軸である。クリージは、運動組織の資源が増大するにつれて、組織がフォーマル化し、指揮系統の確定、有給スタッフの配置、分業体制などの変化が必然的に生じるとし、例としてドイツの緑の党をあげている。また、そのようなかたちで安定を確保した組織では、加えて戦術の穏健化が図られると指摘している。

「新しい社会運動のレパートリー変化モデル」とは、この二軸に基づく「新しい社会運動」のレパートリー分類であり、インボリューション、商業化、制度化、ラディカル化の四類型とされている（序章第2節の図2を参照）。

インボリューションとは、自組織内で生産した連帯的なサービスを構成員や支持者に提供するような運動組織のあり方である。クリージは自助グループやボランティア団体、クラブが該当するとしている。ただし、もともとインボリューション（involution）とは、人類学者のクリフォード・ギアーツが、植民地での労働力の地域共同体外への流出を防ぐことを狙いとした、農業技術の精緻化による労働力の集約的投入を指すために使用した用語である。[5] したがってこの用語を、「共同生産―消費」と意訳することも可能だろう。またラディカル化とは、デモやストライキなど、当局への直接行動が活性化することである。インボリューション（共同生産―消費）とラディカル化はどちらも、支持者の強い肩入れ行動がレパートリー成立の要件になっている点で共通している。[6]

次に商業化とは、運動組織がサービス団体となって、報酬に基づくサービスを提供することによって社会的支持を得るようなあり方を指す。そして制度化とは、運動組織が、制度の枠内での行動によって、当局経由での状況変革を狙うものである。クリージはその例として政党や利害団体をあげている。商業化と制度化では、支持者の強い肩入れ行動がなくてもレパートリーが成立する。

このような観点から助け合い活動をみるならば、政治的機会を重要な判断条件として、「動員構造」「フレーミング」を変化させ、次のようなレパートリー変化を選択してきたと解釈することができる。

助け合い活動は一九七〇年代、地域の制度的福祉の不十分さを問題とする住民グループによって、生活支援を必要とする高齢者へアプローチできる仕組みとして考案された。そして、中高年主婦の社会参加や就労の場としての要素を取り入れ、地域のインボリューション（共同生産―消費）の仕組みになっていった。

やがて一九九〇年代になると、在宅福祉サービスが本格的に福祉政策の課題になるとともに、政策サイドに強いつながりをもつ勢力の支援が拡大し、事業運営メソッドの普及が図られた。住民グループ系団体は九〇年代のなかごろから専門職化と事業の多角化を推し進めた。このような変化を商業化とみることができる。ただし、運動組織の商業化とは、営利そのものを目的とするものではなく、支持の取り付けと収入源を確保することによる運動組織の安定を狙ったものである。さらに全国各地でのネットワークづくりが活発におこなわれ、事業体としての基盤強化が取り組まれ、行政からの事業委託が増加した。それは、商業化と同時に、介護保険制度への参入という制度化への準備でもあった。同時期には、ＮＰＯ法の制定を求める運動への参加、すなわちラディカル化もみられていて、制度化の選択にも、政策サイドに対する影響力増大への期待があった。この両方の動きを対当局指向の表出とみることができる。つまり九〇年代での商業化と制度化の選択は、福祉政策の大きな変動のなかで、政治システム内部の変革的潮流との相互作用を通して自分たちのビジョンを開花させていこうとする、助け合い活動の「たたかいの政治」としてとらえられるものである。

二〇〇〇年代には、住民グループの多くがＮＰＯ法人化し、介護保険事業へと参入して助け合い活動の制度外サービス化が進んだ。介護保険制度を通した介護の市場化の波のなかで、住民グループ系団体の多くが商業化・制度化に踏み出し、助け合い活動の「インボリューション（共同生産―消費）」としての意味合いは希薄化し、変革的な側面をもつ団体であることを示す、象徴的レパートリーとしての性格を強めていった。

そして近年では、大規模化した団体を中心に、多様な行政委託事業や行政補助事業を展開し、大規模なボランティア動員に成功している例もみられる。ただし、こうした事業は、支持者の強い肩入れ行動がなければそのレパートリーが成立しないというものではなく、ボランティア振興に期待した公的資金の投入が果たす役割が大きい。また、介護保険への参入時の判断とその後の展開にみられたように、制度化による影響力の行使をもくろんでいたにもかかわらず、政策サイドのビジョンに沿った活動に終始しているような例も見受けられる。

図９は、助け合い活動のこうした経過を「新しい社会運動のレパートリー変化モデル」によって整理したもの

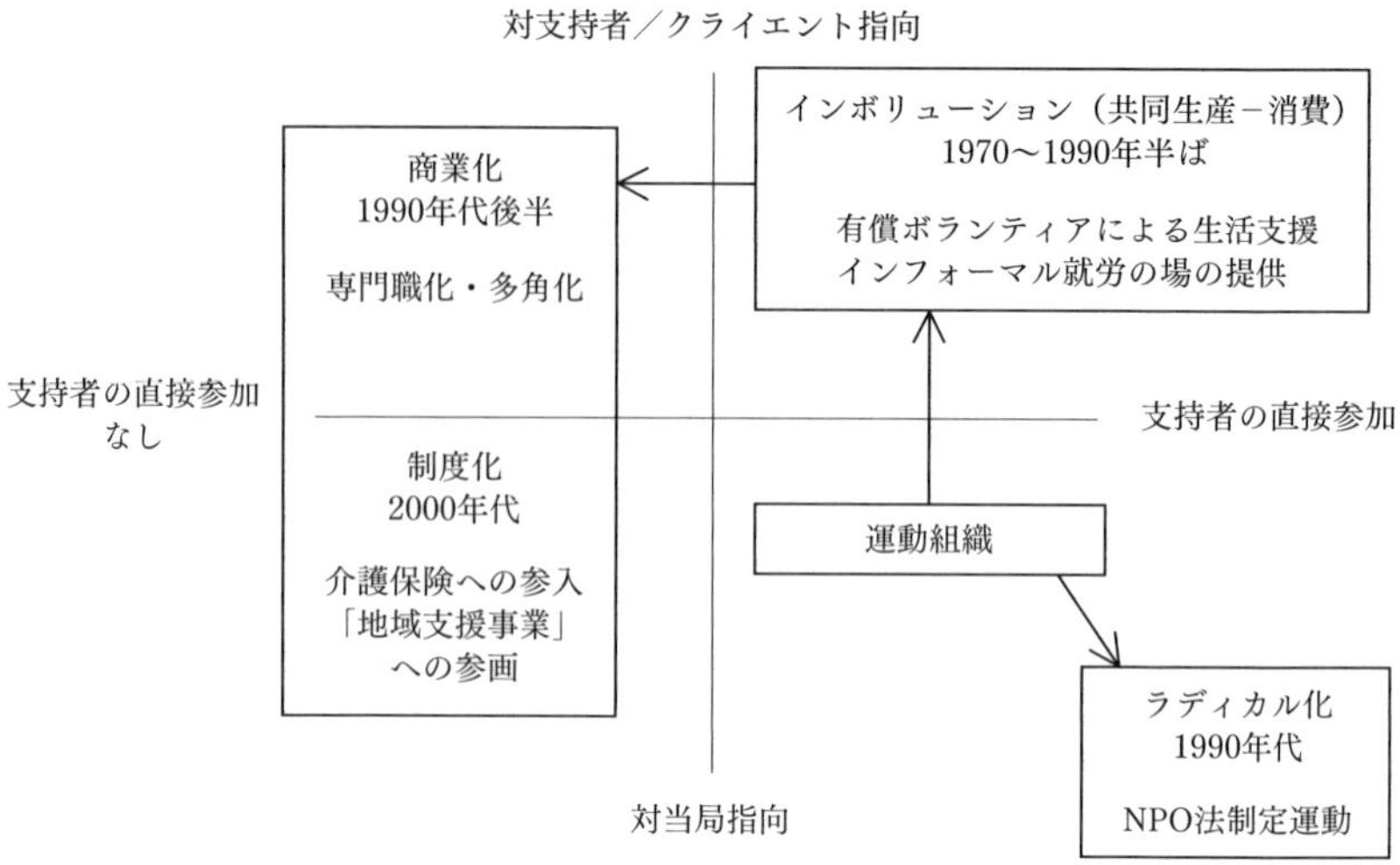

図9　クリージのモデルに基づく助け合い活動のレパートリー変化
（出典：Hanspeter Kriesi, “The organizational structure of new social movements in political context,” Doug McAdam, John D.McCarthy and Mayer N.Zald eds, *Comparative Perspectives on Social Movements: Political Opportunities, Mobilizing Structures, and Cultural Framings*, Cambridge University Press, 1996, p.157所収．の Figure7.2. Typology of transformations of goal orientation s and action repartoires of SMOs. に基づいて筆者作成）

である。

おわりに

以上、助け合い活動の史的展開が示す一連の経過を、サイクル論の分析枠組みとクリージの「新しい社会運動のレパートリー変化モデル」に基づいて分析し、確認してきた。表8は、変化の全体を確認するために、これらの分析を組み合わせたものである。

二〇〇〇年代初頭までの助け合い活動の拡大は、政策立案に影響力をもつ支援勢力の後押しという政治的機会に支えられたものだった。また支援勢力にとっても助け合い活動は、その将来ビジョンにとって不可欠の実践モデルだったと考えられる。こうした相互作用のなかで助け合い活動は拡大していった。

しかし介護保険制度への参入後は、運動のビジョンの「計画」への吸収（たとえば宅老所や小規模デイサービスの制度化）や、指定事業者としての制度への従属がみられるようになった。

そして近年、事業展開をめぐる難しい判断のなかで介護系NPOは二つのあり方へと分化してきた。一つは、多様な事業展開による高度な問題解決能力を獲得し、政策ビジョンにも適合することで、安定的な活動基盤を得るというあり方である。こうしたあり方は介護保険制度への参入以降に可能になったものであり、商業化と制度化というレパートリー選択を通して展開された「たたかいの政治」の成果ととらえることが可能だろう。

もう一つは、財政的には大きなリスクを抱えながらも、長期にわたって、もっぱら訪問系サービスを展開し、小規模性を維持するあり方である。そして、このような団体も少なくない。なぜだろうか。

本章では、介護系NPOは全体として「インボリューション（共同生産―消費）」から商業化・制度化に向かったと整理した。しかし個々の団体をみると、決して少なくない団体が、助け合い活動を通して「インボリューション（共同生産―消費）」の側面を維持し続けようとしている様子がうかがえる。そうした努力もまた、介護系NPOの「たたかいの政治」の一角でありうると考える。

序章で述べたように、「新しい社会運動」とは、公的領域と私的領域の垣根を超えるような政治を展開することを特徴としている。かつて介護保険制度のキャッチフレーズだった「介護の社会化」は、それまで私的領域で処理されてきた高齢者ケアという問題を公的領域が取り扱うべき問題へと変化させた。介護系NPOの商業化・制度化も、このような変化を促進させる取り組みであり、その「たたかいの政治」は、公的領域に向けた、コーエンとアラートがいうところの「影響の政治」だと考える。新地域支援構想会議の助け合い活動再編にもまた、こうした政治的意図があるだろう。

しかし、ギアーツがいうところの「インボリューション（共同生産―消費）」はむしろ、村落共同体という私的領域に近い領域での関係の維持を課題としている。しかもこの方法は植民地化からの共同体の防衛を狙いとして編み出されたものであり、十分に対抗的な性格をもっている。

ケア論といわれる研究分野の主要な理論家の一人であるミルトン・メイヤロフは、「専心」という言葉を用い

政治的機会	フレーミング	動員構造	レパートリー
＊公的福祉供給の後退。 ＊「コミュニティ・ケア」への注目。 ＊ボランティア活動の振興。	女性たちが協力し合うことにより、自分たちが住む地域における、福祉の問題状況を変革する。	人脈を通じた人的資源の調達。	インボリューション（共同生産—消費）。
＊学識者や専門機関の支援。 ＊マスコミの注目。			
＊福祉改革勢力における在宅福祉サービス振興の気運。	「助け合い」が地域を変える。	事業と運動の二重構造によるボランティア資源の調達。	
＊福祉改革勢力による直接的後押し。 ＊全社協の関与の開始。			
＊社会福祉基礎構造改革の開始。 ＊福祉政策の「在宅福祉」へのシフト。	地域づくりの「市民活動」。	ネットワークによる情報の共有、事業の専門職化と多角化による事業委託を通じた財政資源の調達。	インボリューション（共同生産—消費）から商業化へ。
＊ボランティア振興を目標とする市民活動推進勢力による支援の開始。			
＊行政との接点の拡大。			
＊市民活動推進勢力が媒介したNPO法制定運動との接点。 ＊ボランティアへの社会的注目。			
＊介護保険制度の成立。			
＊社会福祉基礎構造改革の収束。 ＊介護市場への参入業者の拡大。	「つながり」のはたらき。	事業と財源を多様化し、「ボランティア育成システム」として機能しうる大規模団体と、もっぱら訪問系サービスを展開する小規模団体への分化。	商業化と制度化。
＊「新しい助け合い」の振興。			
＊「新地域支援構想会議」による呼びかけ。			

表8　助け合い活動の経過の分析のまとめ

サイクル	年代	メカニズム
動員局面	1970年代後半	*「助け合い活動」の開始。
		* 人脈による情報の伝播。 * マスコミによる情報の伝播。 * 組織・機関間の情報の伝播。
	1980年代	* 後続の住民グループ系団体の参加。 * 行政系団体の参加。
		*「有償ボランティア」の普及。 * 福祉改革勢力の後押し。 * 福祉系アカデミズムの肯定的評価。 *「助け合い」言説の普及。
	1990年代	* 住民参加型在宅福祉サービス全国連絡会の発足。 * 行政系団体の拡大。 *「住民参加型在宅福祉サービス」の政策課題化。
		* さわやか福祉財団が「助け合い活動」の支援開始。 * 市民福祉団体全国協議会が支援開始。 *「市民活動」言説の開始。 * 住民グループ系団体の拡大。
		* 地域的ネットワークによる行政との接触の拡大。 * 全国ネットワークによる政策サイドとの接触の拡大。 * 住民グループ系団体におけるサービス提供体制の強化。
		* ボランティアへの注目の高まり。 * NPO 法制定運動における動員拡大。 * 住民グループ系団体の NPO 法人化。
		* 住民グループ系団体数がピークへ。
動員解体局面	2000年代	* 住民グループ系団体の介護保険事業者化。 * 介護の市場化の進展と規制の強化。
		*「助け合い活動」の補完サービス化と担い手の疲弊。 * 住民グループ系団体の減少。
		* 地域包括ケア政策への市民活動推進勢力の関与。 *「新たな助け合い」への注目。
		* 介護系 NPO の分化。 *「助け合い活動」再編の動き。

て、ケアすることとは、もっぱら相手のために行動することで相手の成長をわが事のように感じ取っていく過程だと論じている。[7] また、フェミニズム研究でも、ケア労働の公共化の議論とは別に、ケアそのものの内在的価値への論究が進められてきた。エヴァ・キティは、なんらかの脆弱性を抱える個人は「その福祉を自らの基本的責任であり、基本的な善であるととらえるような重要な他者によるケアを必要としている」[8]と論じている。これらの論考は、「ケア」とは、継続的な利他行動を通して成立していく深い関わりだとする点で一致している。

第4章の第3節で、介護系NPOには二つの「つながり」指向があり、その一つは、個別性が高い必要に深く関わるアプローチをとるものだと指摘した。介護系NPOが「インボリューション（共同生産―消費）」を継続しようとする背景には、徹底してその人の個別性に関心を傾けるような、従来は私的領域で果たされてきた「ケア」の価値への強い関心があると推測する。

第4章の最後では、パットナムによる「社会関係資本」の二つの分類に言及した。一つは結束型であり、もう一つは橋渡し型である。もともと助け合い活動は、希薄化する人間関係への危機感と、ケアすることへの価値意識をもった女性たちが協力し合って課題解決に挑む、熱を帯びた実践だったといえる。事業の小規模性の維持は、利用者と職員でも、また職員同士でも、こうしたあり方、つまり個別の人間との濃密さをはらんだ付き合いの実践から指向されたものであり、そこに市場や公的制度とは異なる対抗的な価値を見いだしている場合もあるのではないだろうか。終章ではこのことを検討する。

注

（1）Sidney G. Tarrow, *op.cit.*, 1998, pp.141-148, *op.cit.*, 2011, pp.188-199.

（2）David S. Meyer and Debra C. Minkoff, “Conceptualizing Political Opportunity,” *Social Forces*, 82(4), 2004, pp.1457-1492.

（3）日本の社会運動研究では政治的機会を構造モデルによってとらえる議論が優勢だと思われる。ただし樋口らは、政治的機会構造と誘因構造という二つの変数によって分析を進めていて、構造モデルにシグナルモデルを取り入れた研究ということができる。

（4）樋口直人／中澤秀雄／水澤弘光「住民運動の組織戦略――政治的機会構造と誘因構造に注目して」「社会学評論」第四十九巻第四号、日本社会学会、一九九八年、五〇五ページ

（5）Clifford Geertz, *Agricultural Involution: the process of ecological change in Indonesia*, University of California Press, 1964.（クリフォード・ギアーツ『インボリューション――内に向かう発展』池本幸生訳〔ネットワークの社会科学〕、NTT出版、二〇〇一年）

（6）社会学では、個人の行動に注目する「方法論的個人主義」と集合的な現象に注目する「方法論的集団主義」が対比される。社会運動研究は、もっぱら後者の視点から集合行動に注目してきた。スメルサーによれば、集合行動とは「規範および価値を変容させる集合的努力」ととらえられるという。このような観点からみれば、「支持者の直接参加」とは、そのレパートリーが集合行動を必須のものとするか否かを指すと考えられる。ニール・J・スメルサー『集合行動の理論』会田彰／木原孝訳、誠信書房、一九七三年

（7）ミルトン・メイヤロフ『ケアの本質――生きることの意味』田村真／向野宣之訳、ゆみる出版、一九八七年。「専心」とは、もっぱら相手への配慮に関心を注ぎ続けることを意味していると解釈できる。

（8）Eva Feder Kittay, *Love's Labor: Essays on Women, Equality, and Dependency*, Routledge, 1999, p.108.（エヴァ・フェダー・キティ『愛の労働あるいは依存とケアの正義論』岡野八代／牟田和恵監訳、白澤社、二〇一〇年、一四〇ページ）

終　章　介護系ＮＰＯの岐路と方向選択

はじめに

本書はこれまで、助け合い活動の史的展開を振り返ることを通して、住民グループ系団体がなぜ介護系ＮＰＯへの転身を選び取り、その後の変化のなかで何を指向してきたのかを考察してきた。本章では、介護保険制度の再編が進む今日、介護系ＮＰＯがどのような岐路に立ち、何を重視して進むべき方向を選択するのかを検討する。

二〇一五年四月から介護予防訪問介護や介護予防通所介護の地域支援事業への移行が開始され、一七年三月末までに、すべての自治体で新しい総合事業がスタートした。またこれと並行して生活支援体制整備事業が進められてきた。同事業は、生活支援コーディネーターの配置と協議体の設置を通して新しい総合事業の推進力を形成することを狙いとしている。[1] 一方、一五年には、介護報酬の大幅切り下げも実施された。[2] このような状況のなかで介護系ＮＰＯは、制度再編への積極的協力を求められながら、再編によって事業の存続がおびやかされるという、相矛盾する二つの条件にさらされている。どのような方向にかじを切るかは、団体の存続に関わる選択だということができる。

1　総合事業の現状と介護報酬引き下げの影響

介護予防訪問介護と介護予防通所介護の地域支援事業への移行にともない、要支援者向けサービスの実施事業者は、総合事業の指定を受けたとみなす「みなし指定」によって、総合事業の訪問サービス、通所サービスへと誘導された。

このサービス類型は「従前相当サービス」と「多様なサービス」で構成される。「従前相当サービス」とは、予防給付と同じ基準で実施されるサービスであり身体介護を含む。

一方「多様なサービス」とは、市町村が独自で定める基準によって実施されるサービスであり、生活援助だけを提供する類型である。「多様なサービス」には、「緩和型サービス」「住民主体による支援」「短期集中予防サービス」「移動支援」が含まれる。このうち「緩和型サービス」はいわゆるA型であり、「住民主体による支援」はB型である。

「緩和型サービス」は利用者数などに応じて包括払い・出来高払いを自治体から受けることができるが、その報酬単価については「国が示す単価（包括報酬）を下回る単価で市町村が設定」するとされている。その水準は、厚生労働省の発表資料によれば、七〇％以上の自治体で「緩和型サービス」の報酬単価を予防給付の九割未満に設定している。訪問型サービスでは、約四〇％の自治体が予防給付の八割未満とし、さらに一四％は七割未満と設定しているという（図10）。

また、厚生労働省の委託によるＮＴＴデータ経営総合研究所の調査[3]によれば、二〇一七年六月時点では、総合事業の訪問型サービスのうち七四％、通所型サービスのうち八〇％を、介護事業者が担う従前相当サービスが占

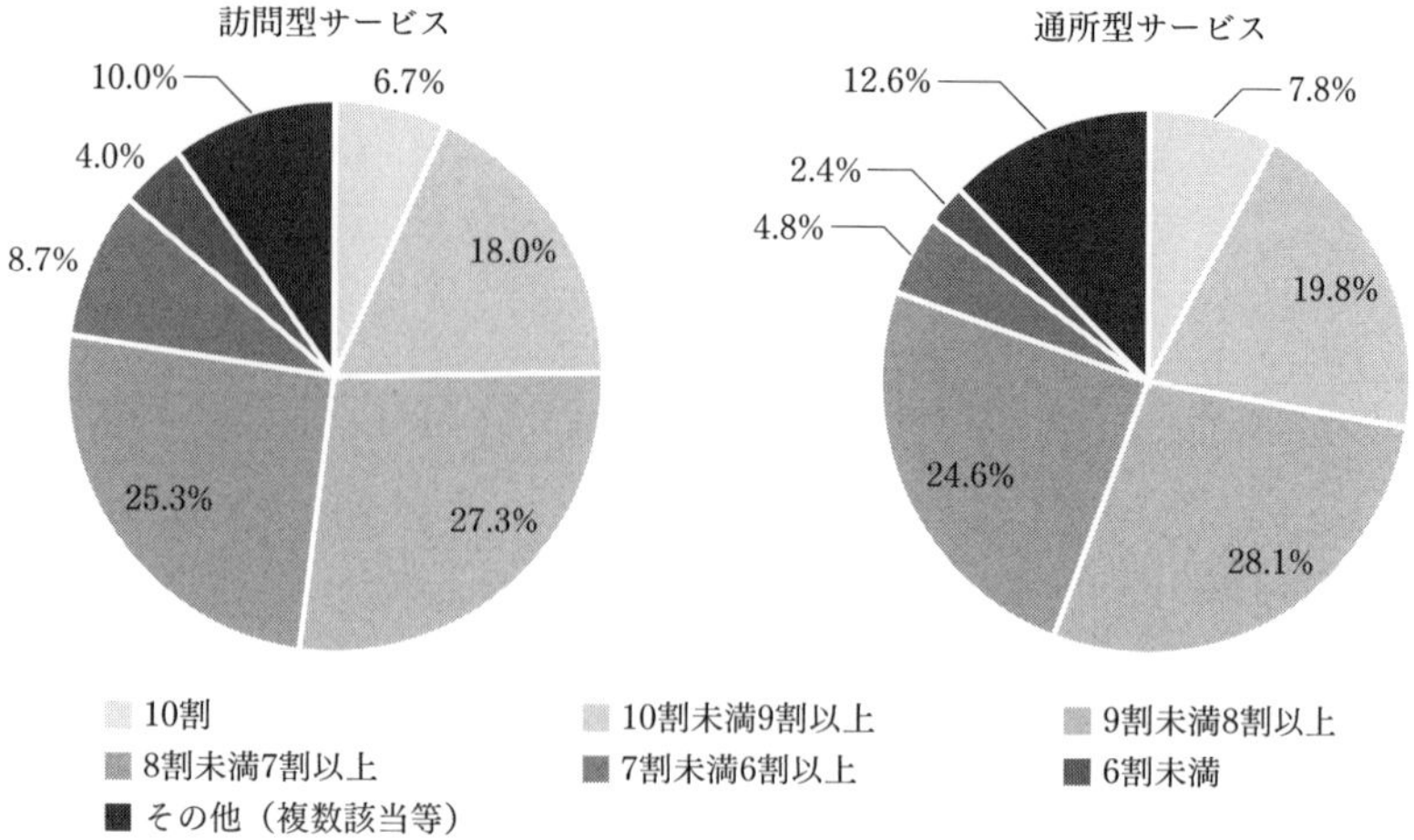

図10　市町村が設定した「緩和型サービス」基本単価の水準
（出典：厚生労働省「新しい地域支援事業（総合事業）の実施状況①」「総合事業の実施状況」厚生労働省〔https://www.mhlw.go.jp/file/06-Seisakujouhou-12300000-Roukenkyoku/5.pdf〕［2017年9月28日アクセス］から筆者作成）

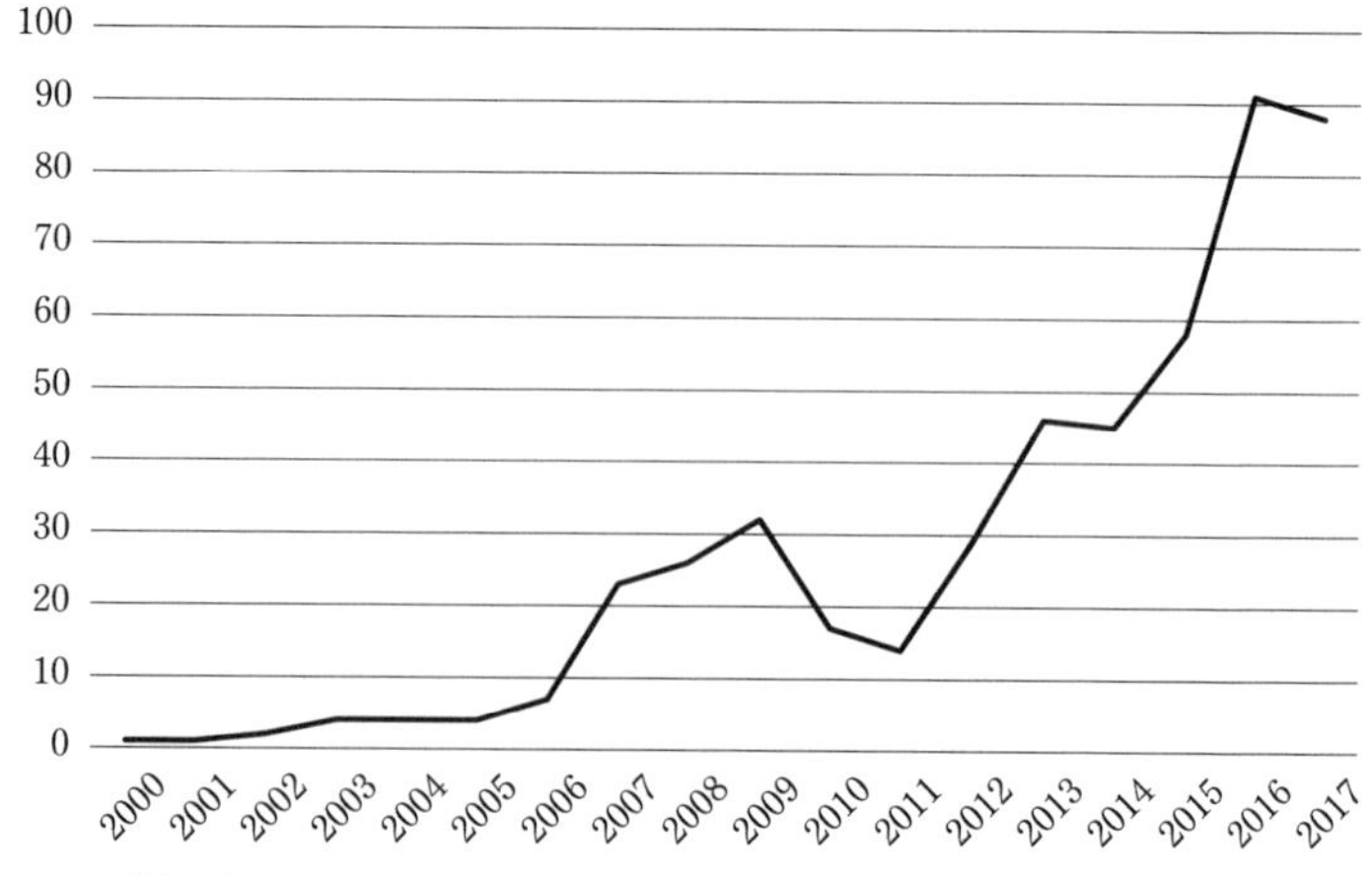

図11　「老人福祉事業者」の倒産件数（2000－17年）
（出典：帝国データバンク業界動向レポート「倒産件数・負債総額動向（2000年～2017年）」「特別企画：医療機関・老人福祉事業者の倒産動向調査」〔2018年1月16日〕から筆者作成）

めている。また「多様なサービス」でも実施主体は圧倒的に事業者であり、「住民主体による支援」は訪問型サービスで三・七％、通所型サービスで九％にすぎないことが報告されている。つまり総合事業は、介護事業者が従来よりも引き下げられた報酬で実施しているのが現状である。

そして追い打ちをかけるように、二〇一五年には介護報酬の大幅引き下げもおこなわれた。日本政策金融公庫総合研究所が実施した訪問・通所介護事業者（ＮＰＯ法人を含む）へのアンケート調査報告[4]によれば、一五年の介護保険報酬改定後の財務状況を、四四％の事業者が「赤字」と回答し、従業者規模が小さいほどその割合は大きかったという。

図11は、帝国データバンクの業界動向レポート[5]が示した老人福祉業者の倒産件数の推移である。同レポートは、倒産事業者の大半は訪問介護、通所介護サービスを手がける業歴五年未満の小規模事業者だとし、この引き下げを受けて、零細事業者を中心とした淘汰が加速していると分析している。

2　介護系ＮＰＯの岐路――百三十四団体の事業報告から

このような事業環境の変動は、介護系ＮＰＯの事業展開にも大きな影響をもたらしている。ただし、日本政策金融公庫総合研究所の報告や帝国データバンクのレポートが指摘しているように、影響の度合いは団体規模によって異なる。本節では、住参系団体の財務状況の分析を通して介護系ＮＰＯがどのような岐路に立っているのかをとらえる。

分析対象とするのは、全社協が二〇〇四年に公開した「住民参加型在宅福祉サービス団体全国連絡会名簿（平成十五年三月現在）[6]」掲載の団体のうち、事業の継続と介護保険事業の展開が確認できる住参系の団体の事業報告である（二〇一七年九月現在）。該当団体はいずれも、活発かつ先駆的な活動経歴を経て今日まで長期にわたって組織を維持してきていて、助け合い活動をおこなう介護系NPOの代表格ともいえる団体である。

データの概要

該当団体のデータは次の手順で抽出した。

まず、名簿に掲載されている九百八十二団体について、「特定非営利活動法人」ないし「NPO」という記載がある二百十二団体と、団体名から住民グループと推測できる三百二十九団体を選び出した。それらを「内閣府NPOホームページ」の「NPO法人情報の一括ダウンロード」から取得した全所轄庁の「行政入力情報データ」(二〇一七年九月二十四日時点)と照合し、百九十八団体の認証名称を特定した。[7] 次に、「内閣府NPOホームページ」内の「NPO法人ポータルサイト」で、百九十八団体の「閲覧書類」のうち二〇一六年度分の「事業報告書」と「活動計算書」(決算報告にあたる)をダウンロードし(二〇一七年九月二十四日—一八年八月三十一日)、介護保険事業の展開が確認できた百三十四団体について、年間収支(経常収入、経常支出)と事業別内訳を抽出した。[8]

さらに、年度ごとに、経常収入[9]二千万円未満を「最小規模団体」、二千万円以上—五千万円未満を「小規模団体」、五千万円以上—一億円未満を「中規模団体」、一億円以上を「大規模団体」とする収入規模別のクラス分けをおこない、分析枠組みとした。その結果、百三十四団体中「最小規模団体」は十三団体、「小規模団体」は三十五団体、「中規模団体」は三十七団体、「大規模団体」は四十九団体という分類となった。

このクラス分けは、第4章で言及した「平成二十一年度市民活動団体等基本調査報告書」の、「保健・医療・福祉増進を主な活動分野とする法人」では年間収入が二千万円を超えると「介護保険等」[10]の比率が増加し、五千万円を超えるとその比率が低下するという指摘に基づいている。ただし百三十四団体は今日までに長期にわたる事業展開を経てきていて、同報告の水準よりも全般に収入水準が高い。そこで、五千万円以上—一億円未満の団体を中規模団体とし、一億円以上を大規模団体とすることにした。ちなみに、大規模団体の内訳は、年間収入一

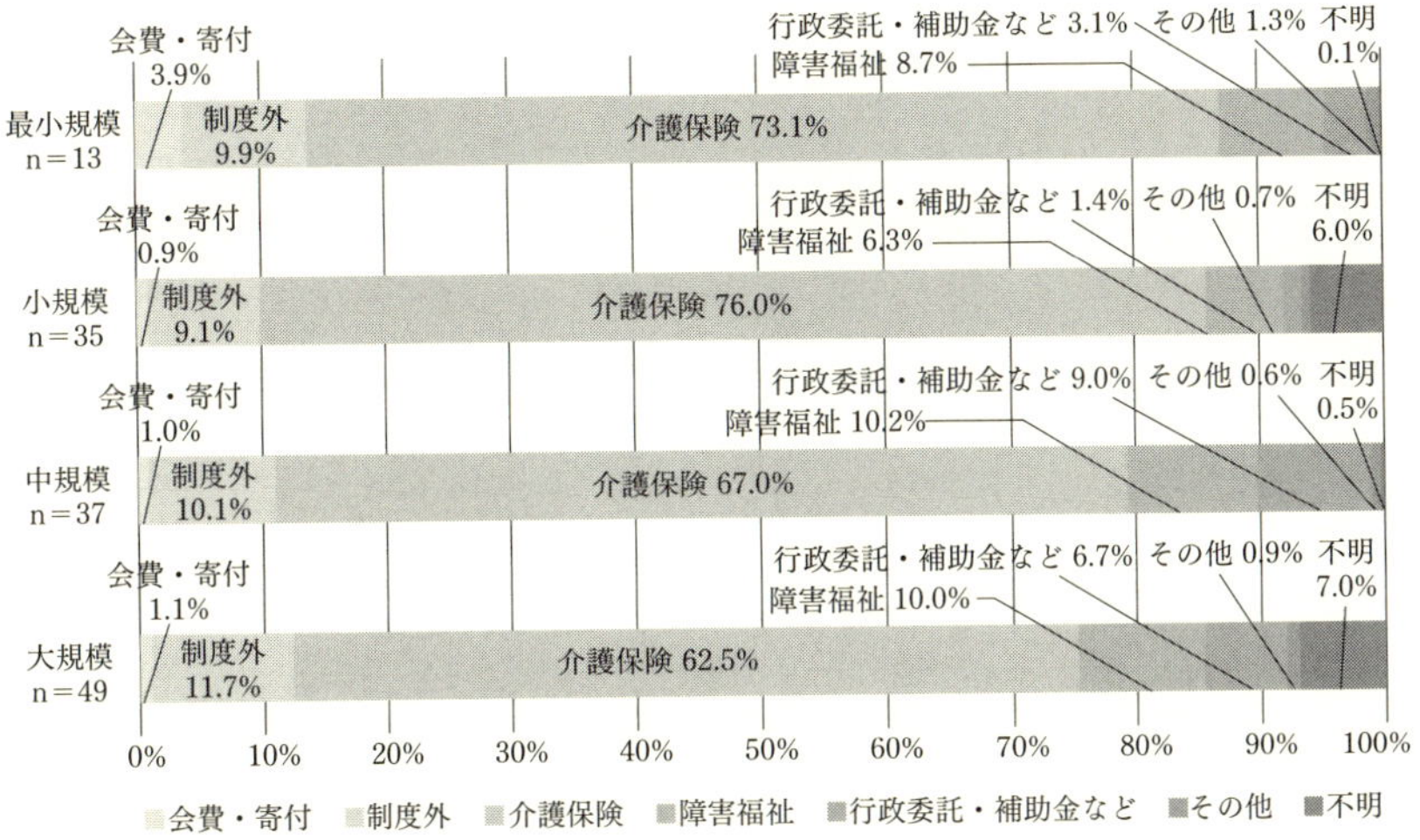

（%は小数点以下2桁を四捨五入）
図12　クラス別収入合計の内訳（2016年度）

億円台が二十八団体、二億円台が十四団体、三億円以上が七団体である。うち一団体は七億円以上を計上していた。

収支の事業別内訳では、介護保険サービスと障害者総合支援法（以下、障害福祉と略記）のサービス、そして行政委託事業以外の有償サービスを「制度外サービス」として一括した。その内容には、ホームヘルプ、配食サービス、移動サービス、外出支援、買い物支援、地域交流の場（サロン、居場所、コミュニティカフェなど）、見守り・安否確認など、「新地域支援構想」が助け合い活動の具体例としてあげたもののほか、有料老人ホーム、グループリビング、パソコン講座などの営利的な事業も含まれている[11]。

財源と収支

では順次、財政状況をみていこう。

図12は、二〇一六年度経常収入をクラス別に合計し、その内訳をみたものである（「不明」は一括計上などで、明細不明の収入）。最小規模・小規模の団体では経常収入に占める介護保険収入の割合（以下、介護保険収入率と略記）が七〇％を超えているが、中規模・大規模団体では六〇％台となっている（「不明」を除いて再計算しても）。また「会費・寄付等」からの収入の割合が最も大きいのは最小規模団体の三・九％で

表9　134団体の収支のクラス別比較（2016年度）

項目 ／ クラス	最小規模 n=13	小規模 n=35	中規模 n=37	大規模 n=49
1. 経常収入（円）	13,702,869	34,777,201	71,847,409	214,407,513
2. 経常支出（円）	15,292,139	35,416,080	72,713,161	212,823,094
3. 収支差（円）	-1,589,270	-638,879	-865,752	1,584,419
4. 収支差率（%）	-15.8	-1.8	-1.2	0.7
赤字団体率（%）	69.2	48.6	56.8	36.7

1−4は平均値（%は小数点以下2桁を四捨五入）

あり、ほかのクラスでは一％程度だった。「行政委託・補助金など（助成金・交付金含む）」は、中規模・大規模団体と最小規模・小規模団体とで大きな差があった。

続いて表9は、百三十四団体の二〇一六年度の収支状況をクラス別にみたものである。介護事業所の二〇一六年度決算の全体傾向を報告した「平成二十九年度介護事業経営実態調査結果の概要」[12]によれば、介護保険のサービス類型のほとんどで、事業収支が前年度よりも悪化していて、収支差率（収益額―費用額／収益額）は、訪問介護で四・八％、通所介護で四・九％、居宅介護支援で一・四％、そして全サービス平均で三・三％だったという。単純に比較することはできないが、百三十四団体の一六年度の収支状況は、介護保険事業者の一般傾向よりもかなり厳しいとみることができる。

ただし、赤字の深刻さは団体の収入規模によってかなり異なっている。最小規模団体では約七〇％が赤字であり、収支差率のマイナスも大きいが、逆に大規模団体の収支差率はプラスであり、赤字団体率は最小規模団体の水準の半分程度である。

図13は、百三十四団体の介護保険収入率と収支差とのばらつきを示したものである（事業収入一括計上の団体を除く百二十三団体）。介護保険収入率が七〇％台を超えると、集中がしだいに収支差マイナスの方向にシフトしていくことが見て取れる。

また表10は、介護保険収入が七五％を超える団体数とその収支差率を示したものである。大規模団体以外では、該当団体の収支差率のマイナスがさらに大

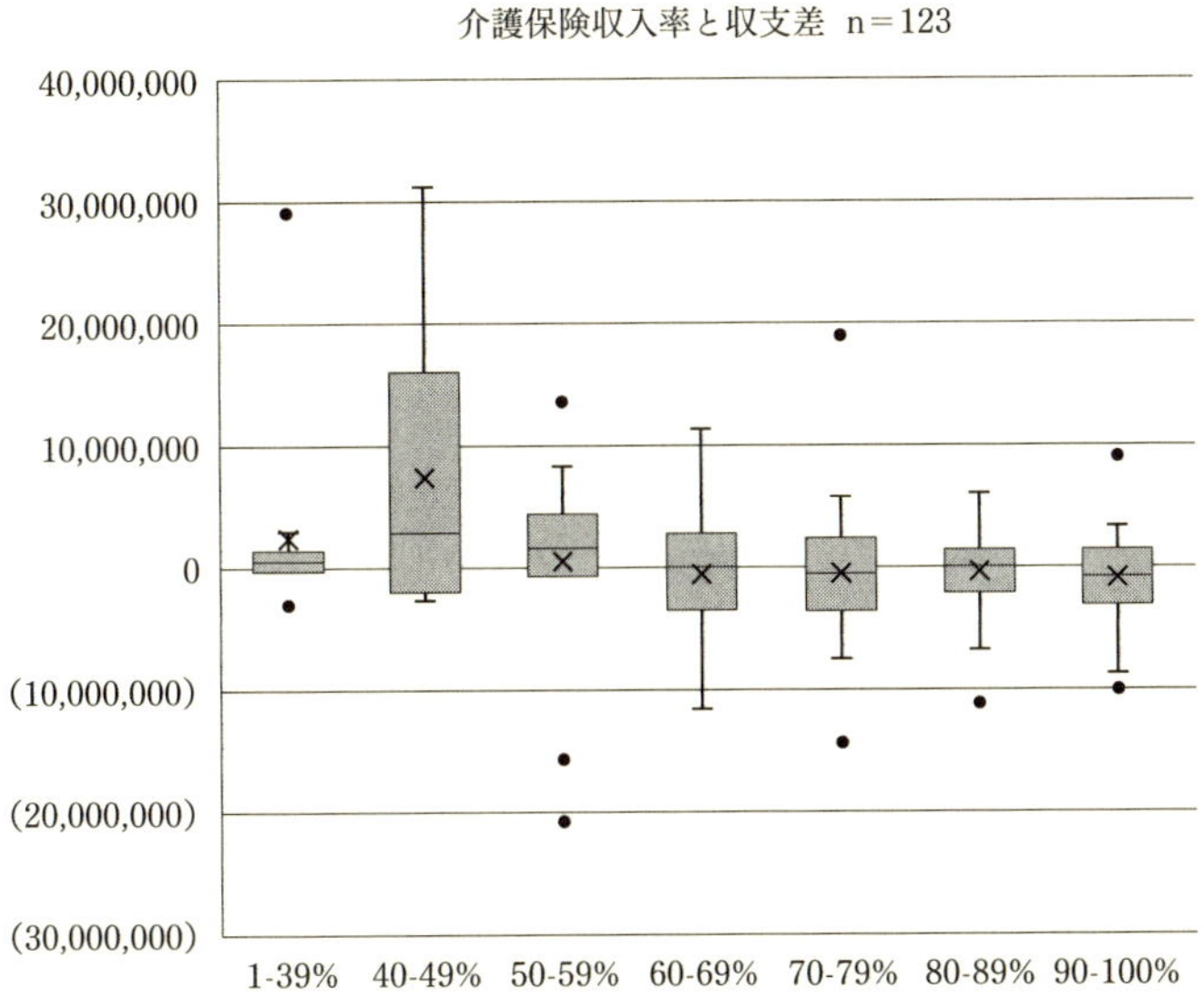

図13　介護保険収入率と収支差のばらつきの比較（2016年度）
欠損値を除く

表10　介護保険収入75％以上団体数と収支差率（2016年度）

項目 ／ 団体規模	最小規模 n=13	小規模 n=32	中規模 n=36	大規模 n=46
介護保険収入75％以上 団体数（％）	6（46.2）	23（71.8）	18（50.0）	20（43.5）
介護保険収入75％以上 団体の収支差率 （％：平均値）	-16.4	-3.7	-2.8	0.2

欠損値を除く（カッコ内は％。小数点以下2桁四捨五入）

表11　人件費率のクラス別比較（2016年度）

項目 ／ クラス	最小規模 n=13	小規模 n=34	中規模 n=36	大規模 n=44
人件費率（平均値）	79.4%	77.0%	77.1%	71.3%

欠損値を除く（小数点以下2桁を四捨五入）

きくなっている。大規模団体では収支差プラスを保っている。

収支と事業構造

収入規模による収支状況のこうした明暗は、どのように生じるのだろうか。

「平成二十九年度介護事業経営実態調査結果の概要」は、収支差率と合わせて「給与費割合」も報告している。この報告によれば、二〇一六年度の介護サービス収入に占める給与費[13]は、訪問介護（介護予防を含む）七六・一%、居宅介護支援八四・一%、通所介護（介護予防を含む）六四・二%、認知症対応型共同生活介護六二・七%、小規模多機能型居宅介護六七・六%ということである。介護事業では人件費が事業コストの大半を占めているが、一対一を基本とする訪問系サービスと集団系サービスでは、人件費率（人件費／経常収入）に一〇%以上の開きがある。

このことをふまえて百三十四団体の人件費を抽出したところ、表11のようだった。大規模団体で人件費率が低い傾向を示している。

次に表12は、クラス別の実施事業内訳である。介護保険事業ではどのクラスも「訪問介護」の実施率が高いが、大規模団体では、通所介護、認知症対応型共同生活介護、小規模多機能居宅介護という集団系サービスの実施も多いことがわかる。[14]制度外サービスでは、訪問ヘルプをどのクラスでもほぼ八〇%が実施しているが、規模が小さい団体の実施率のほうが高めなのが目を引く。また、収入規模が大きい団体のほうが、手がけている制度外サービスの種類が多い傾向にある。

行政委託事業（自治体独自事業の委託）は、収入規模が拡大すると実施団体数が拡大する傾向にある。特に、大規模団体では約半数が受託している。委託内容としては移送、配食、

表12　実施事業のクラス別内訳（2016年度）

事業の種類		実施団体数（％）			
		最小規模 n=13	小規模 n=35	中規模 n=37	大規模 n=49
介護保険	訪問介護（予防を含む）	8（61.5）	26（74.3）	30（81.1）	40（81.6）
	通所介護（予防・地域密着・認知症対応を含む）	6（46.2）	19（54.3）	19（51.4）	35（71.4）
	居宅介護支援	4（30.8）	21（60.0）	31（83.8）	35（71.4）
	認知症対応型共同生活介護	0（0.0%）	0（0.0）	2（5.4）	12（24.5）
	小規模多機能居宅介護	0（0.0）	0（0.0）	1（2.7）	8（16.3）
障害福祉		7（53.8）	19（54.3）	24（64.9）	35（71.4）
行政委託		3（23.1）	8（22.9）	14（37.8）	24（49.0）
制度外サービス	訪問ヘルプ	11（84.6）	30（85.7）	30（81.1）	39（79.6）
	居場所	7（53.8）	18（51.4）	21（56.8）	32（65.3）
	移送	2（15.4）	14（40.0）	12（32.4）	17（34.7）
	配食	0（0.0）	2（5.7）	8（21.6）	10（20.4）
	子ども関連	1（7.7）	4（11.4）	11（29.7）	15（30.6）
	実施中の制度外サービスの種類数（平均値）	1.8	2.0	2.6	3.0

（カッコ内は％。小数点以下2桁四捨五入）

子ども関連、居場所が多くみられる(15)。いずれもボランティアを多く投入できるサービスとみることができる。

　全体として、住参系の介護系ＮＰＯの二〇一六年度会計報告は、市場の水準を一層上回る深刻な赤字状況を示していた。ただし厳しい影響がみられたのは、経常収入が一億円に満たない団体であり、それ以上の収入がある団体への影響は、相対的に穏やかだったといえる。

　その要因としてまず、先に示した人件費率の違いがあげられる。介護保険事業では全般的に人件費率が高いが、その傾向は集団系サービスよりも訪問系サービスのほうがより顕著である。また管理部門の人件費は、スケールメリットが効く支出項目と考えられる。

　さらに、規模が大きくなるにつれて介護保険収入率が低くなること、言い換えれば、中規模以上、特に大規模団体で多種類の事業展開がみられることも注目すべき点である。これは、介護保険制度の変動による収入低下のリスクを低減する効果をもっている。しかもそれだけでなく、地域住民の多様な必要、関心にアピールすることで、団体への支持の向上にもつながると考えられる。こうした条件も委託事業の多さに関わっているように思われる。

収入規模と事業構造の違いによる、このような財務状況の明暗は、多くの介護系ＮＰＯに、新たな方向選択を迫る岐路を指し示しているといえるだろう。それは単に、どのように収入を確保していくのかの選択にとどまらず、何のために組織を維持していくのかという問いをともなう選択になると考える。

3　介護系ＮＰＯの方向選択——四団体の事例検討

本節では、個々の団体が実際どのような判断によって方向選択をおこなっているのかを事例を通して検討する。取り上げるのは、一九九〇年代から二〇〇〇年代の初頭にかけてＺ市内で発足し、助け合い活動と介護保険事業の両方を展開してきた四つの介護系ＮＰＯである。この四団体は今日、Ｚ市の介護保険行政という共通の政治的機会のもとで、それぞれに異なる方向に歩を進めている。第5章で、介護系ＮＰＯのこれまでの方向選択のあり方をクリージの「新しい社会運動のレパートリー変化モデル」によって示したが、本節でもこのモデルを参照軸として、方向選択のあり方をとらえる。

筆者は二〇〇五年以降、自分自身のボランティア活動を通じて、四団体の実態をある程度うかがい知る機会を得てきた。この条件によって、それぞれの団体の判断について、公開文書からは得ることができない情報にもふれられることから、四団体を事例検討の対象として選定した。分析には次の素材を用いた。

1、内閣府「ＮＰＯ法人ポータルサイト」上に公開されている、二〇一四年度から一七年度の「事業報告書」と

「活動計算書」（二〇一七年九月二十四日―一八年九月二十八日ダウンロード）
2、四団体の主導的メンバー（八人）へのインタビュー（半構造化）
3、四団体発行の文書（通信、総会報告など）

なお、インタビューについては、「日本女子大学　ヒトを対象とした実験研究に関する倫理審査委員会」の承認を得て（課題番号三二〇　研究責任者：永井暁子）、二〇一七年十二月から一八年三月にかけて実施した。

インタビュー項目は次のとおりである。

1、介護保険制度の変化から団体が受けた影響
2、二〇一五年以降の事業・活動の変更もしくは変更予定
3、（変更する場合）その理由

Z市での介護保険事業の環境

Z市は大都市に隣接する人口規模が大きい自治体である。高齢化率は二一％以下だが、介護保険事業者数は少なくなく、「平成二十九年介護サービス施設・事業所調査の概況」[16]をみると、居宅サービスでは、訪問介護は約三百事業所、通所介護は約百五十事業所が開設されている。つまり、事業者資源が豊富な自治体ということができる。

またZ市は、「地域包括ケアシステムの構築を見据えた視点」での取り組みを二〇一二年から開始するなど、制度再編の考え方を比較的早期から国と共有してきた自治体であり、総合事業への移行を一六年四月から開始している。

この移行にあたってZ市は、総合事業の狙いとは、第一に「介護サービスの水準の見直し（中重度を支える担い手に移行）」、第二に「要支援者等の担い手として新たな担い手の確保」、第三に「事務処理の効率化・簡素化」だと明示し、専門職の身体介護への集中と生活支援の制度からの切り離しの方針を明確に打ち出している。

また、当面「住民主体の支援」は実施しないことを表明している。

こうした基本方針に基づいてZ市は、緩和型サービスの報酬単価を、従来相当サービスの七〇%程度に設定している。これは、近隣自治体の設定水準に比してかなり低い水準である。また従来相当サービスについても、実質的に事業所の減収につながる算定方式を採用している。そのためZ市の介護事業所のうち、訪問介護の九%以上、通所介護（地域密着型、認知症対応型を含む）の五%近くを占める介護系NPO[17]も、こうした厳しい条件下での事業展開を余儀なくされている。

四団体のこれまで・現状・方向選択

事例検討の対象となる四つの団体のこれまでの経過と事業の現状、そして今後に関わる現在の判断は以下のとおりである。

①A会

一九八九年に発足した、四団体のなかでは最も早く誕生した団体である。二〇一六年時点での年間収入は五千万円台、正会員数は七十六人である。

創設者であるU氏は、義父母の在宅介護を通して、「介護は自分だけではやりきれない」「地域には同じ悩みを持つ人がいるはず」という思いを抱き、ごく少数の賛同者の協力を得て助け合い活動を開始し、徐々に仲間を得てきたという。介護保険制度の創設をにらんで一九九九年にNPO法人化したが、当時の団体内部では介護保険事業者になることへの不安が大きく、参入までに半年以上の議論を要したとのことである。

A会の事業内容は、法人化当初は訪問介護と助け合い活動の訪問ヘルプだけだったが、二〇〇六年には地元人脈を通じて民家を借り受け、通所介護（現在は地域密着型）を開設した。また同時期には障害福祉サービスも開始している。こうした収益事業に加えて、A会では今日まで、地域の特別養護老人ホームでのボランティア活動

表13　A 会の2014－17年度の収支差率

	2014年度	2015年度	2016年度	2017年度
収差率	3.0%	1.3%	-1.2%	-2.8%

（％は小数点2桁四捨五入）
（出典：A 会「活動報告書」に基づいて筆者作成）

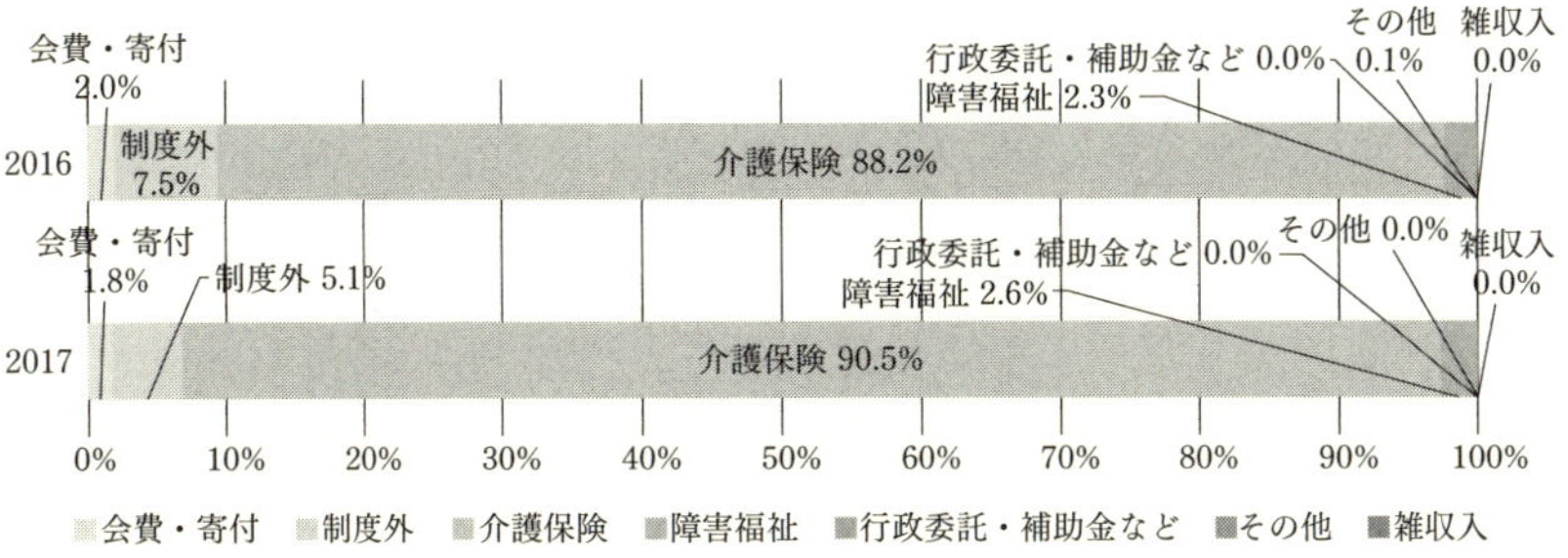

図14　A 会の2016年度と2017年度の経常収入内訳比較
（％は小数点2桁四捨五入）
（出典：同報告書に基づいて筆者作成）

や会食会活動に継続的に取り組んでいて、会の特色の一つになっている。

介護保険への参入からほどなくU氏は代表を降板した。その後は創設期からのメンバーたちが団体運営を引き継いできたが、近年では事務局職員の若返りが進み、二〇一七年度には代表も世代交代している。ただし訪問ヘルプのコーディネートは、前代表であるA氏が、ほぼボランティアで担っているという。A氏によれば、近年のいちばんの悩みは人手不足だという。一五年には、地元の情報紙への求人広告掲載に踏み切ったところ、担い手五人の入会があり、「座して待っていても会員さんは増えない」ことを痛感したという。

表13はA会の近年の収支差率の推移である。二〇一六年度から総合事業の影響が推定される業績悪化がみられる。また図14は、A会の収入内訳を一六年度と一七年度で比較したものである。A会の介護保険収入率はもともとかなり高いが、一七年度には制度外サービスの落ち込みもあって、さらに高くなっている。

従来、人脈によって人員を補充してきたA会にとって、求人広告は転機の現れの一つということができる。以降、キャリアパス制度の周知徹底と、介護職員処遇改善加算の「支給額は公平に、仕事量に応じて」を基準とした配分に踏み切っている。つまり、団体の成員であることだけを条件とする配分から、業績を加味した配分への転換である。また二〇一七年度には、制度外の訪問ヘルプの料金値上げをおこなっている。このことには、「ボランティア的要素が高い」という同事業の報酬を給与水準に近づけることで新たな人材を確保し、ほかの事業からの補塡で支えるのではなく、事業としての自立を目指すという狙いがあるという。A会は、組織成員たちの肩入れをさらに強化することによる組織継続を目指しているとみることができる。

②B会

B会は、介護保険への参入をめぐる議論のなかでA会から分岐した団体で、設立は二〇〇〇年である。一六年度の年間収入は六千万円台、正会員数は四十一人である。

創設メンバーのW氏は、A会から分岐した理由について、当時のA会では「介護保険参入に慎重な人が多かった」が、「利用者たちを早期に介護保険制度にのせなければ」と考えたのだという。また、B会の前代表であるS氏は、当時の議論に直接加わってはいないということだが、周囲から見たかぎり「初期のメンバーには、利用者の立場に立てば、市の委託事業から介護保険制度への切れ目のないスムーズな移行が必要という思いが強かった」と述べている。

B会は、発足後すぐに訪問介護と居宅介護支援を立ち上げ、地元の在宅福祉公社からホームヘルプ事業を受託するようになった。また並行して、助け合い活動の訪問ヘルプやミニ・デイサービスも開設している。このような精力的な事業展開のもとで、二年後には年収八千万円を超え、二〇〇五年には一億円を突破する業績をあげている。またこの過程で二階建て事務所を構え、一階に通所介護（のちに認知症対応型）を開設した。障害福祉サービスも〇三年から開始している。

W氏によれば、こうした急速な事業規模の拡大のなかでB会は、求人広告などから新たな人員を調達してきた

表14　Ｂ会の2014－17年度の収支差率

	2014年度	2015年度	2016年度	2017年度
収差率	-2.2%	2.6%	-3.3%	—

(% は小数点2桁四捨五入)
(出典：Ｂ会「活動報告書」に基づいて筆者作成)

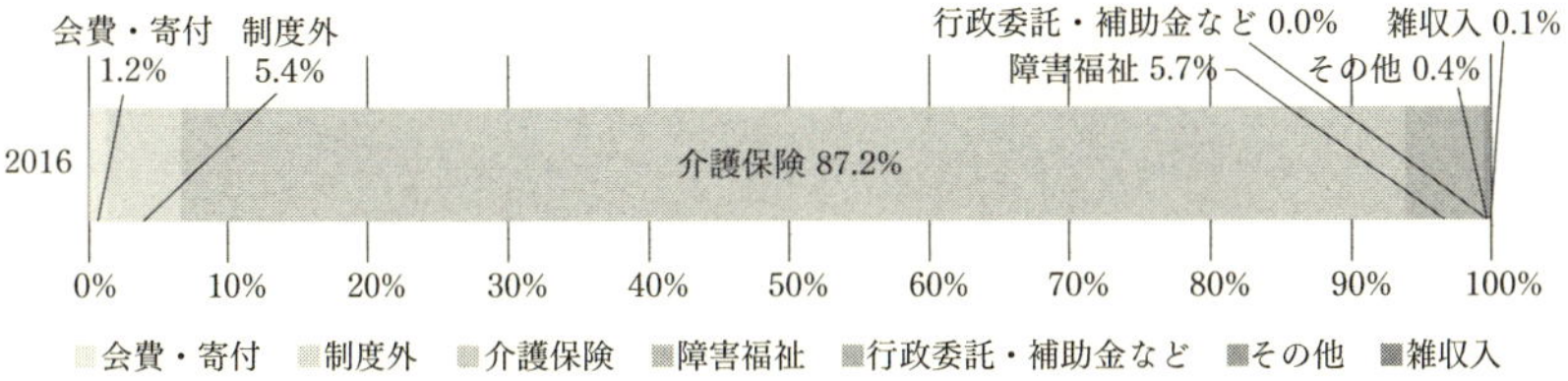

図15　Ｂ会の2016年度経常収入の内訳
「不明」は除く。(%は小数点2桁四捨五入)
(出典：同報告書に基づいて筆者作成)

という。創設期の代表の退任を受けて二〇〇七年度から一三年度まで代表を務めたＨ氏も、会員の紹介によって参加した新しい人材であった。Ｗ氏は、Ｂ会の介護保険事業者としての安定的な運営は、Ｈ氏の高い事務能力のたまものと理解しているという。またＨ氏の代表就任以降は、事業部門とボランティア部門の組織関係の明確化を図り、事業所らしさが増していったという。Ｈ氏の後任となったＳ氏は、責任をともなわない〝自由な〟風潮と、運営に責任をもつ代表理事とのあいだの差がしだいに広がっていったと振り返る。

Ｂ会では二〇一二年度、介護保険制度の改定を受けて三百万円以上の赤字が発生したことから、減収に歯止めをかけるべく、制度外の訪問ヘルプの利用料を営利企業並みの水準に引き上げた。しかし一四年度には年収が七千万円台にまで落ち込み、その後も減収が止まらなかった。Ｗ氏によれば「総合事業には、採算性が低いという判断から参入しなかった。すると地域包括支援センターからの利用者紹介がガクンとなくなったと感じている」という。表14はＢ会の近年の収支差率の推移である。また図15はＢ会の二〇一六年度の経常収入内訳である。

Ｂ会は、このような状況を通してメンバー間の溝がさらに深まるなか、有効な打開策がみつけられず、二〇一七年度をもって解散することを選んだ。Ｓ氏は、決断の理由を「会員に、この法人で働くことへの強いこだわりが感じられない」「今後も続く制度改正を考えると、事業を続けても業績が良くなる見込みはない」ことだという。また「理事たちに依存し、主体的に将来を考えようとしない会員も少なくなかった」と語っている。W氏は「あまりに介護保険に頼りすぎたゆえに制度変更の影響が大きかった」「自分たちがNPOであるとの認識が希薄であった」と振り返っている。B会の解散という選択は、業績悪化を直接の判断根拠としているが、利用者からの支持や組織成員の肩入れの低下という背景要因もあることがうかがえる。

③C会

C会はワーカーズ・コレクティブである。設立は一九九九年で、二〇一六年度の経常収入は三千万円台、正会員数は三十二人である。

初代の代表であるS氏は、もともとはA会のメンバーだったが、介護保険のスタートをにらんで「この地域にも在宅福祉のワーカーズ・コレクティブが必要」と考え、地域の生活クラブ生協の後押しを受けながら同会を立ち上げたという。中心メンバーはいずれも家族介護の経験者である。

C会はまず、助け合い活動にあたるコミュニティー・オプティマム事業[18]を開設し、法人化以前にZ市の委託事業を受託するところから事業を開始している。そして事業の伸展を見込んで二〇〇五年にNPO法人格を取得し、介護保険事業に参入したという。その後、子育て支援の委託事業、福祉有償運送も開始し、〇六年から障害福祉サービス、一四年度からは居宅介護支援を手がけている。設立時からのメンバーであり現代表のY氏によれば、「依頼は断らない、即対応」の姿勢でがむしゃらに突っ走ってきたという。また現在も創設期のメンバーのほとんどがC会で活動中であり、結束の強さは誇れるという。

表15は、近年のC会の収支差率の推移、図16は二〇一六年度と一七年度のC会経常収入内訳である。もともとC会の介護保険収入率は約六〇%であり、一七年度には、介護保険収入率がさらに低くなっている。収支では収支差マイナスを免れている。

表15　C 会の2014－17年度の収支差率

	2014年度	2015年度	2016年度	2017年度
収差率	1.1%	0.7%	0.6%	0.7%

（% は小数点2桁四捨五入）
（出典：C 会「活動報告書」に基づいて筆者作成）

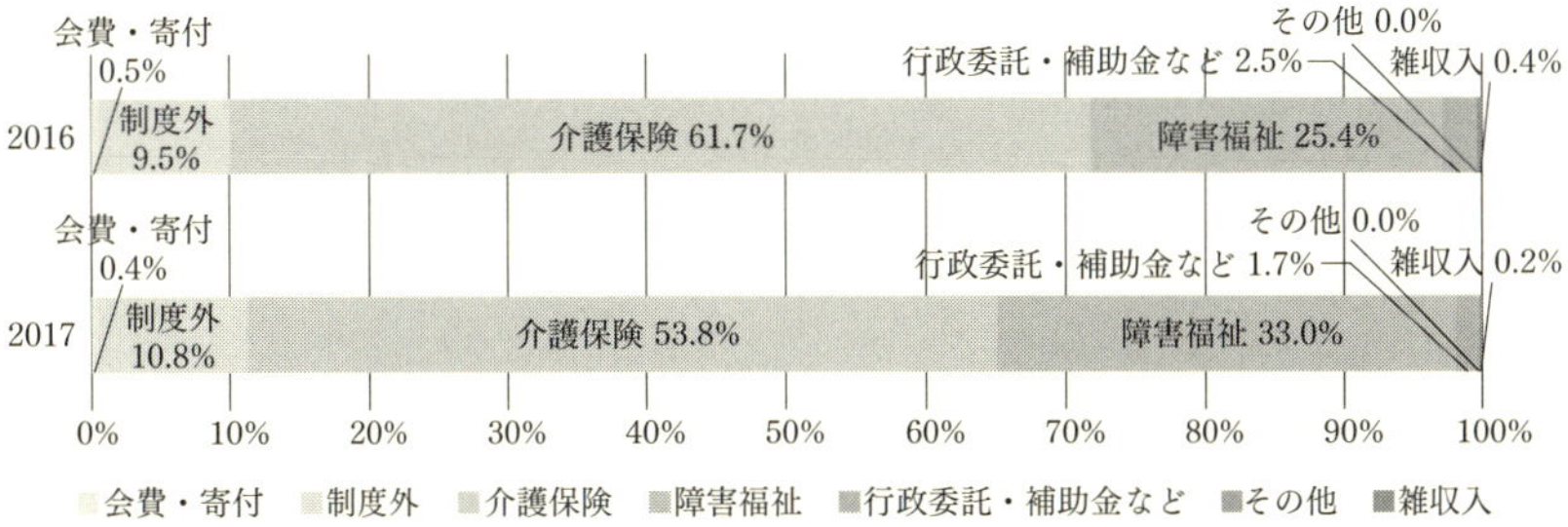

図16　C 会の2016年度と17年度経常収入の内訳
（%は小数点2桁四捨五入）
（出典：同報告書に基づいて筆者作成）

C会のバックグラウンドである生活クラブ生協系の運動勢力は、一九九〇年代から、既存の福祉制度のオルタナティブ・システムとして「参加型福祉」の構築を打ち出してきた[19]。また近年では、「オルタナティブな地域包括ケアシステム」を展望して、市民事業体を中心とする住民主体の支援を実現するという方針を立てている[20]。C会もこの方針に沿って、二〇一三年度ごろから「居場所づくり」という目標を立て、一七年度から月一回のカフェ開催に取り組んでいる。Y氏もS氏も、介護保険制度再編については、要支援者向けサービスの給付外化による重度化が懸念されるとし、その人に合ったサービスを届けるために、コミュニティー・オプティマム事業にさらに力を注ぐとしている。

④D会

D会はA会発足の数カ月後に、団地集会所での住民同士のおしゃべりの会として発足した団体である。二〇一六年度の年間収入は一億円を超えている。正会員数は百人以上である。ただし会費の徴収はおこなっていない。会の設立は一人の高齢住民の「孤独が怖い」という声がきっかけだったという。人脈をたどって出資金を集め、

表16　D 会の2014－17年度の収支差率

	2014年度	2015年度	2016年度	2017年度
収差率	3.7%	0.0%	-2.2%	0.3%

（% は小数点2桁四捨五入）
（出典：D 会「活動報告書」に基づいて筆者作成）

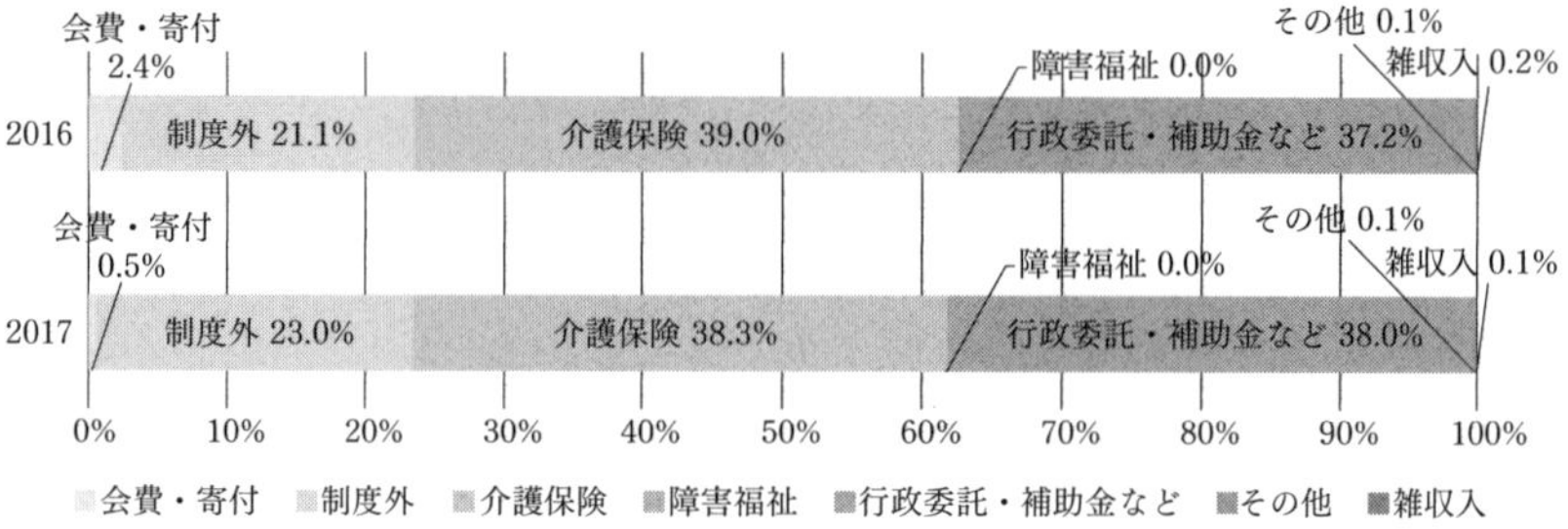

図17　D 会の2016年度と17年度経常収入の内訳
（%は小数点2桁四捨五入）
（出典：同報告書に基づいて筆者作成）

設立の翌年の一九九〇年には一軒家を借りて、自主運営のミニ・デイサービスを開設している。この活動は、九三年にZ市の補助事業となり、九九年に国から「単独デイサービスD型」の認可を受けている。またこの過程で夕食宅配サービスを事業化している。二〇〇〇年には訪問介護、通所介護、居宅介護支援の事業所として介護保険に参入し、一二年からは、民間企業の撤退にともなう市からの要請を受けて市の保育所も展開している。

D会に最も特徴的な事業は、行政との協働事業である。二〇〇一年からZ市単独事業のデイサービスを受託し、〇二年度には空き店舗活用事業として地域交流センターを開設している。同所は現在まで、さまざまな講座やイベントを開催する地域スペースとして活用されている。〇三年からは生涯学習講座を開催していて、高齢住民の介護予防の場にもなっている。この講座には、地元の保健福祉センターや社会福祉協議会が協力している。また、地元大学の研究者と連携したまちづくり活動もおこなっている。こうした事業には多くのボランティアが参加していることも、D会の大きな特徴になっている。

表16は、D会の近年の収支差率の推移である。また図17は、D会の二〇一六年度と一七年度の経常収入内訳を

示したものである。介護保険収入率の低さが注目される。

しかし、Ｚ市が二〇一七年度をもって委託事業を一方的に打ち切るなど、最近ではＺ会と行政との協働関係にゆらぎがみられる。創設者であり現在も代表であるＨ氏は「地域福祉は行政との協働によって成り立つ」と、従来姿勢の堅持に努めながら、Ｚ市行政の急激な態度豹変に憤りをみせる。またＨ氏は、介護保険制度再編への反対の姿勢を明確にし、地域に制度研究会を発足させて、ほかの介護系ＮＰＯにも、制度改善に向けて結束した行動を呼びかけている。しかしＤ会としては、一八年度末をもって訪問介護事業を閉鎖する選択をしている。

四団体の方向選択の考察

Ａ会は、創設者の「介護の共同化」という発案に基づく「インボリューション（共同生産―消費）」の仕組みとして長年維持されてきたといえる。この仕組みは二〇〇〇年以降、介護保険収入によって支えられるようになった。しかし介護保険制度の再編によって同会は、介護保険収入依存からの脱却を強いられている。そこで、現状の有力な打開策として考えているのが、従来ボランティア的に展開されてきた、制度外の訪問ヘルプの採算事業化である。

そのためにＡ会は、利用料の値上げによって同サービスの担い手の報酬アップを図り、新たな人材を確保することで事業規模を拡大させようとしている。また、「働きに応じた」報酬体系によって、団体全体の採算性向上を目指している。

こうした動きは一見、商業化指向に基づいているようにみえる。しかしＡ会は、二〇一七年度の事業報告で「〝地域で助け合って生きていきたい〟という素朴な願いを実現していく基地でありたい」という方向性を表明し、会員の力の結集を呼びかけている。業績主義的要素の導入や採算重視は、「インボリューション（共同生産―消費）」を継続していくための方策と位置づけられていると理解できる。

Ｂ会は、創設以降、商業化指向を強めてきた団体である。介護保険の発足から二〇〇六年度までは右肩上がりで収入規模を拡大させたが、その後は徐々に減収傾向を深めるという経過をたどってきた。しかしそのようななかでも介護保険中心の事業展開は堅持され、コストカットや料金値上げなどの弥縫策はとられたものの、事業構造の抜本的な見直しにはいたらなかった。また、人員補充はもっぱら求人広告を通してなされ、ボランティア動員が必要な事業も低調であるなど、支持者の肩入れ行動への関心は全体として希薄である。B会が目指したのは、優れたサービス提供組織であり、商業化の徹底だったといえる。この方向の行き詰まりが同会に解散をもたらしたと理解できる。

C会は、ワーカーズ・コレクティブであり、基本的に、地域での共同労働の場として設立された団体である。草創期からのメンバーの強い結束があるなど、「インボリューション（共同生産―消費）」の特徴を色濃くもっている。ただしC会は、生活クラブ生協系運動勢力の構成団体であり、その方向選択は、同勢力の方針に沿っている。生活クラブ系勢力が目標とする参加型福祉は、行政が主導する上からのシステムづくりへの対抗的性格をもつが、一方で同勢力は議会活動にも力を入れている。こうしたことから、C会ではラディカル化と制度化の要素をはらみながら、「インボリューション（共同生産―消費）」を維持しているとみることができる。

D会の事業展開は、第1節で示した大規模団体のモデルに近く、むしろ先行的な実践例ともいえるものである。またその中心的関心は、創設期からコミュニティに置かれてきたということができる。介護保険制度が「居場所」に注目するかなり以前から多様なコミュニティづくりの方法を編み出し、こうした取り組みが、補助金や委託事業、行政職員の協力という資源調達の回路となると同時に、行政への影響力を行使する回路ともなってきた。行政との協働は、D会の実践の核心的な方法論といえる。

代表のH氏は、今後の方向選択について、地域の制度研究会で次のように述べている。

「制度に必ずしも賛成だったわけではないけれども、実際には参入しないで反対するのではなく、介護保険制度に関わりながら利用者の権利を守り、提言をしていくことによって制度をよくしていくんだという気持ちで三事業をやってきた」

こうしたことから、総合事業でも、制度の内部で変革を目指す制度化が、今後も選択されていくと考えられる。ただし、Ｄ会は多くのボランティアを擁する団体であり、この点を重視するならば、制度化とみることに多少のとまどいが生じる。しかし、Ｄ会の事業展開は、Ｈ氏の起業家精神に主導されてきた側面が強く、ボランティアの参加はＤ会の運動への肩入れ行動というよりも、Ｄ会のコミュニティづくり事業への参加といえる。このような視点からＤ会をみるならば、Ｄ会の事業を、優れたボランティア育成システムと理解することができる。そしてこの機能こそが、制度の内部からの変革を狙う「制度化」の継続を担保しているといえるだろう。

おわりに

本章では、今日の介護系ＮＰＯが直面する外的条件と、そのもとでの介護系ＮＰＯの方向選択を検討した。

本章の第1節から第2節を通して把握できたことは、今日の介護保険制度再編は、介護系ＮＰＯを、団体の目標指向にかかわらず、大規模団体の事業モデルに収斂させる方向へと作用していることである。このモデルは、ボランティアの動員力を商業化・制度化の要素として吸収していく構造をもつ。言い換えれば、今日の制度再編とは、ボランティア動員と給付事業、そして行政委託事業をタイアップできる団体にとってはチャンスとなる政治的機会としてはたらき、このモデルを採用しない団体にとっては、団体の生き残りを危うくする圧迫条件になりうるということである。

ただし、四団体の事例が示すように、介護系ＮＰＯが総じてこうしたモデルに沿って今後の方向選択をおこなっていけるわけではない。多くの介護系ＮＰＯで「インボリューション（共同生産―消費）」への指向が根強く維持されていると考えられるからである。第1章で述べたように、介護系ＮＰＯの出発点は行動するサークルだったといえる。そこでは、「ボランティア」というアマチュア性が重視された。このアマチュア性は、ケアの技術よりも、温かい、人間同士の関わりが感じられるケアを重視する姿勢として、専門職化した今日でも多くの介護系ＮＰＯで堅持されている。また、ケアを経験した女性同士の協力を基礎とする事業であることは、介護系ＮＰＯの個別性重視の姿勢の支えになってきたと考えられる。大規模化や事業の多様化、ボランティアの動員力という、二〇〇〇年以降に築き上げられてきた成果の陰で、助け合い活動が長く内包してきたこうした要素は今日、見えづらいものになっている。「インボリューション（共同生産―消費）」は、こうした要素のよりどころということができる。このようなあり方を選ぶ団体が今後どのように生き残りを果たせるかが、今日の介護系ＮＰＯにとって最も重い課題といえるだろう。

注

（1）同時に、「在宅医療・介護連携の推進」「認知症施策の推進」「地域ケア会議の推進」も包括的支援事業に位置づけられた。厚生労働省老健局振興課「行政説明資料①生活支援体制整備事業と地域ケア会議に求められている機能と役割について」厚生労働省、二〇一八年

（2）改定率はトータルではマイナス二・二七％だが、中重度者対応や介護職員の処遇改善に関するプラス分を含んでいて、実質ではマイナス四・四八％である。訪問介護は、基本報酬が身体介護、生活援助ともに約四％、通所介護では、小規模型通所介護で約九％の引き下げとなっている。厚生労働省「平成二十七年度介護報酬改定の骨子」（厚生労働省、二〇一五年〔https://www.mhlw.go.jp/file/06-Seisakujouhou-12300000-Roukenkyoku/0000081007.pdf〕〔二〇一八年八月十日アクセス〕）は、報酬改定の趣旨として「地域包括ケアシステムの実現に向け、介護を必要とする高齢者の増加に伴い、在宅サービス、施設サービス等の増加に必要な経費を確保する」と明記している。

（3）ＮＴＴデータ経営研究所「調査結果等の概要」『介護予防・日常生活支援総合事業及び生活支援体制整備事業の実施状況に関する調査研究事業』ＮＴＴデータ経営研究所、二〇一八年（http://www.keieiken.co.jp/services/lifevalue/docs/h29_66jigyohokokusho.pdf）〔二〇一八年六月三日アクセス〕

（4）日本政策金融公庫総合研究所編「訪問・通所介護ビジネスの経営実態」『逆風下の訪問・通所介護ビジネス』同友館、二〇一六年、六六―六八ページ

（5）帝国データバンク「特別企画――医療機関・老人福祉事業者の倒産動向調査」帝国データバンク、二〇一八年（https://www.tdb.co.jp/report/watching/press/pdf/p180101.pdf）［二〇一八年五月十八日アクセス］

（6）助け合い活動団体もしくは介護系ＮＰＯを対象とする各種調査（浜銀総合研究所、二〇一二年、市民福祉団体全国協議会、二〇一四年、全社協、二〇一四年）はいずれも、圧倒的多数は二〇〇五年以前の設立だと報告していることから、事例の抽出にあたってこの名簿を採用した。またこの名簿は「名簿への掲載を承諾いただいた団体のみ掲載」という条件で公表されたものである（浜銀総合研究所編『福祉の担い手としての特定非営利活動法人における長期的な事業の継続およびその核となる後継者人材の育成・確保に向けた取組の現状と今後のあり方に関する調査研究事業調査実施報告書』浜銀総合研究所、二〇一二年、市民福祉団体全国協議会『「地域における住民参加型生活支援サービスの創出および重層的な提供を促進する中間支援組織の強化・普及に関する調査研究事業」報告書――平成26年度老人保健事業推進費等補助金（老人保健健康増進等事業分）』市民福祉団体全国協議会、二〇一四年）。

（7）十団体は社会福祉法人などへと法人形態を転換していた。特定できなかった団体のうち八団体は解散や活動休止、一団体は二〇一四年以降の閲覧書類がなかった。介護系サービスを実施していない団体も八あった。

（8）なお、該当団体だが、ダウンロード期間中に二〇一六年度の報告が入手できなかった二団体については、一五年度の数値を代入した。これは、一五年度はすでに介護保険制度の変動の影響を受け始めていて、収支の傾向はとらえられると判断できることによる。

（9）経常収入（＝経常収益）は、団体の通常の活動から生じる収入を指し、経常支出（＝経常費用）は、団体の通常の活動に用いられる費用を指す。

（10）「介護保険・自立支援費等収入」と説明されている。

（11）今日のＮＰＯ法人にはＮＰＯ法人会計基準協議会編『ＮＰＯ法人会計基準――完全収録版』（八月書館、二〇一〇年）に則った決算報告が求められているが、すべての団体がこの基準に沿って報告をしているわけではなく、内訳が不明な場合が多々ある。そのため、欠損値が多い分析項目もあることを付記しておく。

(12) 厚生労働省「平成二十九年度介護事業経営実態調査結果の概要」厚生労働省、二〇一八年(https://www.mhlw.go.jp/toukei/saikin/hw/kaigo/jittai17/dl/h29_gaiyo.pdf)[二〇一八年六月十五日アクセス]

(13) 一般に、給与費には人件費項目である退職金を含まない。

(14) 福祉医療機構は「平成二十八年度 通所介護事業所の経営状況について」で、二〇一六年度の通所介護の収支差率を、地域密着型一・三%、通常規模型六・五%、大規模型(Ⅰ)一三・一%、大規模型(Ⅱ)一二・三%と報告し、定員規模が大きいほど収支差率が高く、定員規模が小さい事業所ほど経営の不安定さが見て取れたと指摘している。福祉医療機構「Research Report 平成28年度 通所介護事業所の経営状況について」福祉医療機構、二〇一八年(https://www.wam.go.jp/content/files/pcpub/top/scr/r20180329_005.pdf)[二〇一八年九月三日アクセス]

(15) 大規模団体で「放課後児童健全育成事業(学童保育)」が多くみられる。

(16) 厚生労働省『平成二十九年介護サービス施設・事業所調査の概況』厚生労働省、二〇一八年(https://www.mhlw.go.jp/toukei/saikin/hw/kaigo/service17/dl/gaikyo.pdf)[二〇一八年三月二十五日アクセス]

(17) 同報告書によれば、全国計で「訪問介護」にNPO法人が占める割合は五%である(「通所介護」は一・六%だが、これには地域密着型サービスは含まれていない)。

(18) 生活クラブ系勢力はこの事業を「地域最適生活条件を満たす福祉」と説明している。横田克己「「参加型福祉」三十年を問い返して、いま!」、参加型システム研究所編「参加型福祉」第百三号、参加型システム研究所、二〇一六年、七―九ページ

(19)「参加型福祉社会を拓く」出版プロジェクト編著『参加型福祉社会を拓く――介護保険時代、市民はどこまで主役になれるか』風土社、二〇〇〇年

(20) 中村久子「〈地域連携ビジョン〉と〈チームたすけあい〉をつくろう!」「参加システム」第十七巻第三号、参加型システム研究所、二〇一七年、二ページ

あとがき

本書は、学位認定論文「介護保険制度における生活支援の互助化とNPO――『助け合い活動』に関する社会運動研究の分析枠組みからの考察」に大幅な修正と加筆を加えたものである。元論文では分析の枠組みを示すだけで精いっぱいだったが、本書では、介護系NPOの実際の方向選択へと踏み込んだ。しかしそのため、元論文に事例として紹介したT会の代表へのインタビューを載せることができなかった。インタビュー当時はまだ新しい総合事業が本格化しておらず、T会も今後の方向を定めず、なりゆきを静観中だったからである。しかし筆者は、介護系NPOの「たたかいの政治」への確信をT会の代表であるK氏から得たのであり、収録できなかったことに忸怩たる思いがある。ここでその内容を少し紹介したい。

T会は、一九八八年に主婦たちのおしゃべり会から誕生した団体である。「PTAの役員したり、生協の活動したりとかってして、自分なりの仲間もいるんですけれども、どこ行ってもなんか足りないっていうか、人のつながりがこんなに希薄なまんまでいいのかなっていうのを感じてたんですね」という思いが発端だったという。発足後は有償ボランティアとして生活支援をおこなうかたわら、特別養護老人ホームでのボランティアやコミュニティ喫茶に取り組み、公開討論会などの啓発活動、行政や医療と連携した地域の福祉ネットワークづくりなどを展開し、住参全国連絡会の幹事団体も務めた。

NPO法制定運動にも参加していて、「その法律が通ったとき、名前が特定非営利活動法みたいな変な名前になってしまいましたけれども、それでも、やっと市民活動がきちんと社会に位置付けられることになるという意味で、うれしかった」という。介護保険制度発足時には、「介護保険を活かして構築される新しい福祉に、市民が大きく参加し、介護を家族に閉じ込めることを強いてきた制度と世間とから人びとを解放し、「専門家」の支配からも解放していくことになるでしょう」と参入への意気込みを、十周年記念誌に記している。

K氏は、問題を自分で考え、その解決方法を自分で編み出し、自分たちが目指す実践に使える条件はなんでも使うのが自分たちのやり方だという。「いろんなとこで行き詰まるわけですよ、ケアの中身がね。これだけしかできないって言うと、この外側で苦しんでる方たちの手当てができない、そこどうするっていうのがいっつも残っていくわけですよね。そんなに積み残しばっかりしてていいんだろうかっていうのがあって、私たちの力でできるものを、と思って、小規模のデイも共生型にしたり宅老所のようにして、ご利用者さんだけの小さなものじゃなくて、もっと門戸を広くしていろんな方が参加してもらったりとかっていうものに、いつも制度の、まあ真ん中は制度なんですけれども、その周りにいろんな自主サービスみたいなのをくっつけて」「制度」を自分たちが目指す実践に取り入れ、使いこなし、なおかつ自分たちらしい活動のあり方を守り展開していく、T会の「たたかいの政治」はそのように展開されてきたといえる。

しかし介護保険制度では、強い政策圧力のもとで制度的秩序の構築が進められた。T会でも、「制度として決まったものがあって、その制度に合わせたことを実行するために「こうあるべき」ってものがどーんと定例会のなかにも出てくることが多くなって、反対に、制度を実行するとか、制度を使いながら援助をすることでの悩み、「自分がそういうことをするのがとっても苦しい」みたいなものが出てこなくなってしまった」という。また、非常に勇気を出して始めた活動が、制度にのせられた途端に変質してしまう、ということにも遭遇してきたとのことである。「うまいんですよね、厚労省はね。けっこう地域を歩いていて。それを制度にのせてしまう」

筆者は、認知症の介護家族会を通して二〇〇〇年ごろから地域の介護系NPOとの交流の機会を得てきたが、筆者が身近にみてきた団体の姿も、T会と重なるものである。

地域の介護系NPOの事務所の多くは、地域の豊富な人脈の応援を受けて開設されていた。たずねてみると、役員、常勤職員、パートのヘルパー、有償・無償のボランティアなど、多くの人がワイワイと、さまざまな利用者の状況を報告し合っていて、活気が感じられた。楽しそうだった。メンバーは圧倒的に四十代以上の〝ご近所の奥さん〟とみえた。しかし、見た目とは裏腹に、激しい周辺症状を示す認知症の人の介護にも果敢に取り組んでいた。あるメンバーにそのことを「すごいね」と称賛すると、「普通の事業者は困難ケースは引き受けない。すると行政は私たちに回してくる。私たちは逃げない」という答えが返ってきた。

ある団体の理事は、「団体の創立メンバーが後期高齢者になり始めている。彼女たちを介護するときが団体の正念場」と語った。営利的な事業者と介護系NPOとを画する要素とは、「仲間」であることの価値の大きさだと思った。

家族の介護が終わった後、筆者は大学で社会福祉の政策や制度を学び、「住民参加」という概念を知った。そして「助け合い」もまた、社会保障制度の傘下に位置づけられていると感じた。「互酬」という言葉には強い違和感を覚え、「助け合い」は、ギブ・アンド・テイクの仕組みを通じた連帯ではないのか、という思いがあった。

地域包括ケア研究会の二〇一三年報告書では、「住民参加」は「互助」に置き換えられ、明確に制度上に位置づけられていた。また、互助と介護予防がタイアップされていて、助け合いを称揚してはいるものの、それは、他者への共感と気遣いではなく、自助の拡張とイメージされていると感じた。計画された助け合いはシステマティックであり、ドライである。筆者が知る介護系NPOが目指してきた「助け合い」は、意欲的であり、ウエットである。これを「運動」という視点からとらえることを博士論文のテーマとした。

今日、介護系NPOには事業縮小や解散の動きがみられる。背景には、事業環境の悪化とメンバーの高齢化がある。しかし、制度的な秩序とは異なる福祉の可能性を追究してきた四十年にも及ぶ営みは、新しい仲間に引き継がれる価値があると思う。本書がそのことをいくばくかでも伝達できることを願っている。

本書の校了までに、多くの方々の温かいご支援を受けた。博士論文の指導教授である坏洋一先生（日本女子大学）には、学部時代から多大なご尽力をいただいた。意固地で生意気な高齢学生であり、先生が指導に苦労されたことが、いまでは理解できる。感謝とともに、多々おわびしたい。また、ご多忙のなか、論文審査に携わってくださった副査の先生方にも感謝を申し上げたい。また、山井理恵先生（明星大学）が貸してくださった資料、永井暁子先生（日本女子大学）と渡戸一郎先生（明星大学）から受けたご指摘は、本書の方向を決める指針となった。

大澤朋子先生（実践女子大学）、駒崎道先生（専修大学）など、博士課程の友人たちの応援も、研究への意欲をつなぐ原動力になってきた。大日義晴先生（日本女子大学）には、原稿を何回も読んでいただき、アドバイスもいただいた。このアドバイスと青弓社の矢野未知生さんの忍耐のおかげで、本書がまがりなりにも完成にたどりついた。

インタビューに応じてくださった介護系ＮＰＯの方々にも、心からお礼を申し上げたい。逆境にめげず、自分たちの道を貫いていくその姿勢には、尊敬の念を抱いている。自分ができる応援をこれからも探そうと思う。

そのほか、お礼を言わなければならない方々は尽きない。しかし、その温かさに報いるためにも、さらに厳しさと向き合える自分であることを肝に銘じたい。

二〇一九年五月

［著者略歴］
中條共子（なかじょう・ともこ）
1954年、東京都生まれ
日本女子大学学術研究員、社会福祉学博士
論文に「介護保険制度への「助け合い活動」参入の意図――「生活支援」をめぐる二つのフレーミングの比較を通した検討」（「社会福祉」第55号）

生活支援《せいかつしえん》の社会運動《しゃかいうんどう》　「助け合い活動」と福祉政策

発行――2019年8月26日　第1刷
定価――3000円＋税
著者――中條共子
発行者――矢野恵二
発行所――株式会社青弓社
〒162-0801 東京都新宿区山吹町337
電話 03-3268-0381（代）
http://www.seikyusha.co.jp
印刷所――三松堂
製本所――三松堂

ISBN978-4-7872-3459-9　C0036